Einstern

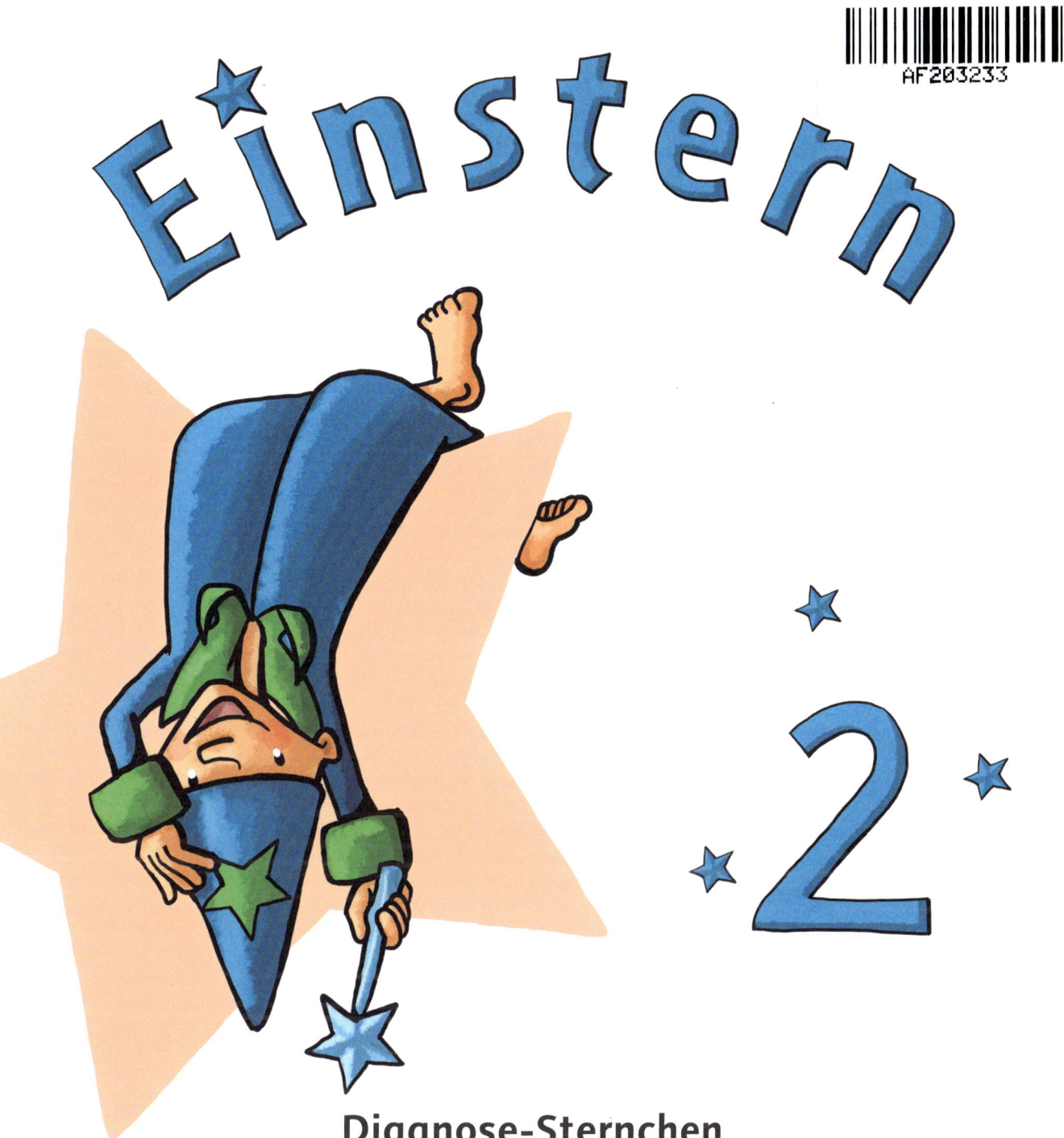

2

Diagnose-Sternchen

★ Lernstandsdiagnose zu den Themenheften 1 bis 4

★ Selbsteinschätzung ★ Feedbackbögen

Erarbeitet von Roland Bauer und Jutta Maurach

In Zusammenarbeit mit der Redaktion Mathematik Grundschule

Cornelsen

Inhaltsverzeichnis

1 Schreibe zu jedem Bild die passende Zehnerzahl auf.

a]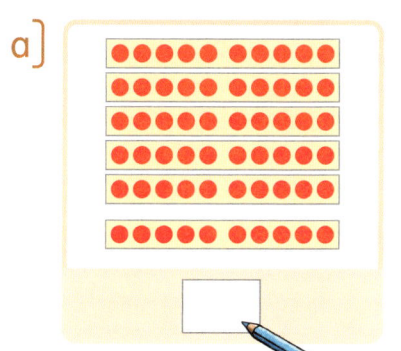

b]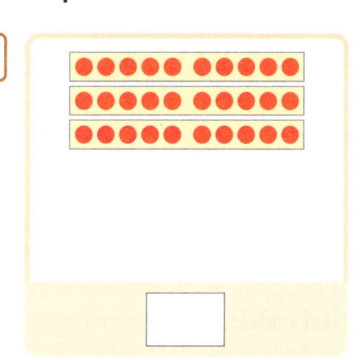

c]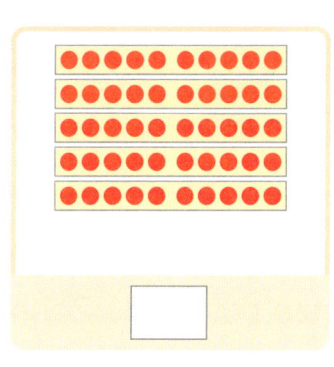

2 Zeichne.

a]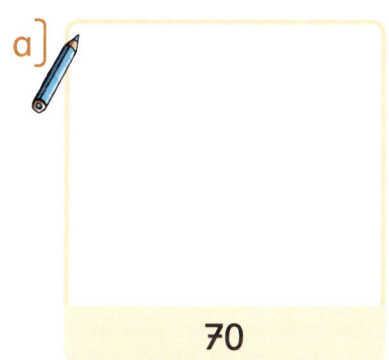

70

b]

20

c]

40

3 Schreibe zu jedem Zahlwort die passende Zahl.

a] zehn ☐

sechzig ☐

b] dreißig ☐

einhundert ☐

c] siebzig ☐

zwanzig ☐

4 Schreibe jede Zahl als Zahlwort.

a] 50 _____

90 _____

b] 80 _____

40 _____

5 Schreibe als Zahl und als Zahlwort.

a]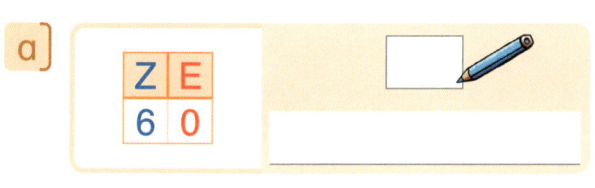

b]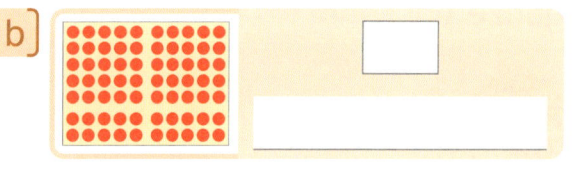

c]

d]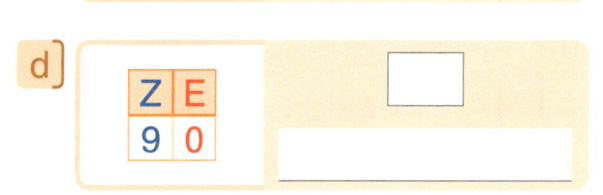

6 Setze die Zeichen <, > oder = passend ein.

a) 70 ◯ 40

50 ◯ 50

b) 10 ◯ 100

90 ◯ 30

c) 20 ◯ 80

40 ◯ 20

7 Setze passende Zehnerzahlen ein.

a) 40 > ☐

80 < ☐

b) 90 > ☐

70 = ☐

c) ☐ < 30

☐ > 50

8 Ordne die Zehnerzahlen der Größe nach.

a) Beginne mit der kleinsten Zahl. b) Beginne mit der größten Zahl.

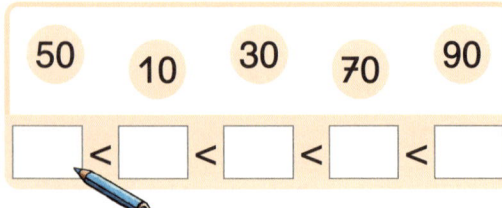

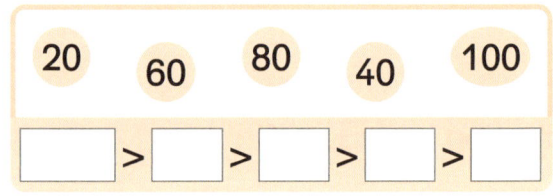

9 Rechne.

a) 20 + 40 = ☐

10 + 70 = ☐

b) 90 − 70 = ☐

80 − 50 = ☐

c) 50 + 30 = ☐

70 − 40 = ☐

10 Ergänze passend.

a)

b)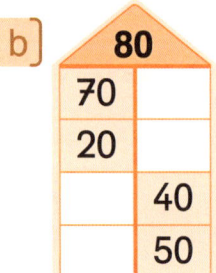

c)

Datum: _____

Aufgabe	Kompetenz	sicher	meist	teil-weise	noch nicht	Bemerkungen
1	Zu bildlichen Darstellungen passende Zehnerzahlen finden und notieren	○	○	○	○	
2	Zehnerzahlen bildlich darstellen	○	○	○	○	
3	Zahlwörter in Zehnerzahlen übertragen	○	○	○	○	
4	Zehnerzahlen als Zahlwörter notieren	○	○	○	○	
5	Unterschiedliche Zahldarstellungen in Zehnerzahlen und Zahlwörter übertragen	○	○	○	○	
6	Zehnerzahlen vergleichen und passende Relationszeichen einsetzen	○	○	○	○	
7	Bei Zahlvergleichen passende Zehnerzahlen einsetzen	○	○	○	○	
8	Zehnerzahlen der Größe nach ordnen	○	○	○	○	
9	Rechenaufgaben mit Zehnerzahlen lösen					
	Plusaufgaben	○	○	○	○	
	Minusaufgaben	○	○	○	○	
10	Ergänzungsaufgaben im Zahlenhaus lösen					
	Platzhalter: 1. Summand	○	○	○	○	
	Platzhalter: 2. Summand	○	○	○	○	

So hast du bei diesem Thema im Unterricht gearbeitet:

Arbeitsweise: ○ selbstständig   ○ konzentriert   ○ genau

Unterstützungsbedarf: ○ häufig   ○ gelegentlich   ○ nie

Arbeitstempo: ○ langsam   ○ angemessen   ○ zügig

Zusätzliche Bemerkungen/Tipps:

Datum: _____

1 Bündle immer 10 und bestimme die Anzahl. Übertrage dazu die Anzahl der Zehner und Einer in die Stellentafel und bilde eine Plusaufgabe.

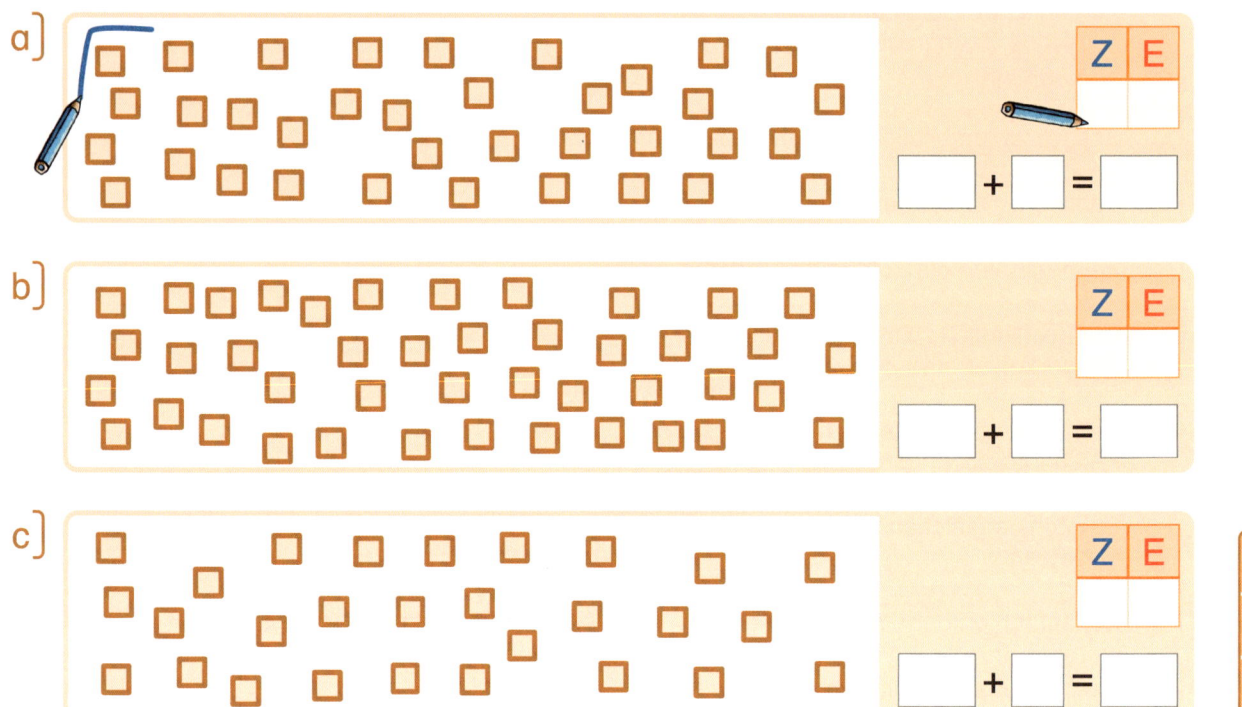

a)
	Z	E

☐ + ☐ = ☐

b)
	Z	E

☐ + ☐ = ☐

c)
	Z	E

☐ + ☐ = ☐

2 Notiere in der Stellentafel.
Schreibe die passende Zahl und die passende Plusaufgabe auf.

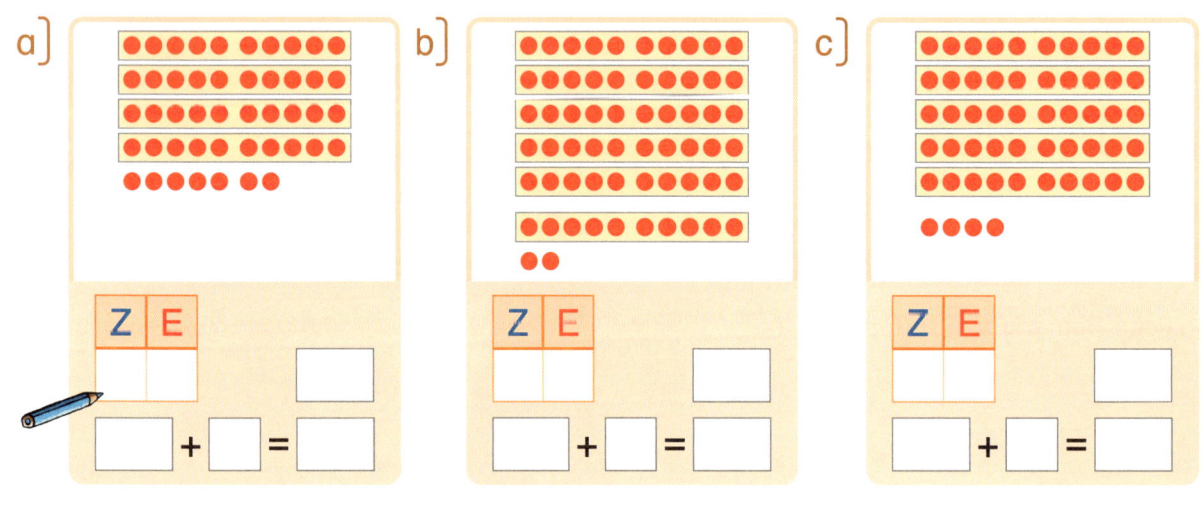

a)
	Z	E

☐ + ☐ = ☐

b)
	Z	E

☐ + ☐ = ☐

c)
	Z	E

☐ + ☐ = ☐

3 Zeichne zu den Zahlen Bilder.

a) 38

b) 74

c) 52

Datum: _____

4 Schreibe zu jedem Punktebild die passende Zahl auf.

a]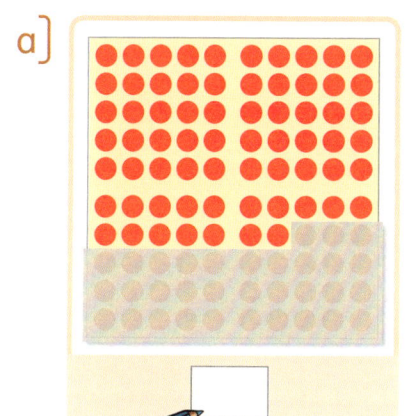

b]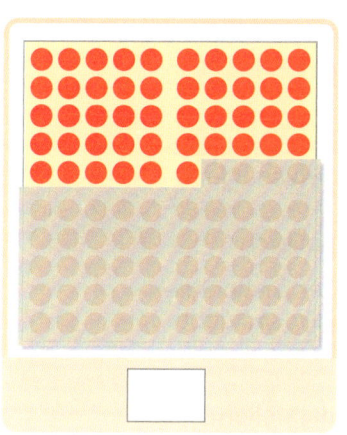

c]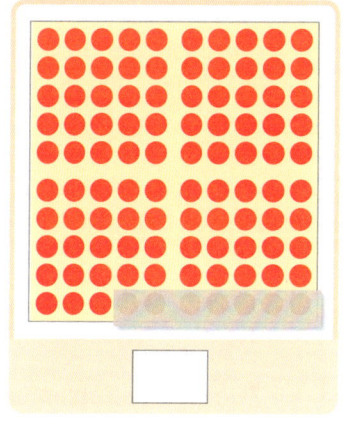

5 Schreibe zu jedem Zahlwort die passende Zahl.

a] achtundsiebzig [ ]

vierundfünfzig [ ]

b] neununddreißig [ ]

sechsundachtzig [ ]

6 Schreibe jede Zahl als Zahlwort.

a] 75 _____

24 _____

b] 48 _____

69 _____

7 Löse die Zahlenrätsel.

a]  Meine Zahl liegt zwischen 60 und 70 und hat 5 Einer. [ ]

b]  Meine Zahl hat 3 Zehner und doppelt so viele Einer. [ ]

c]  Meine Zahl hat 8 Zehner und halb so viele Einer. [ ]

d]  Meine Zahl hat 4 Zehner und genauso viele Einer. [ ]

Datum: _____

Aufgabe	Kompetenz	sicher	meist	teil-weise	noch nicht	Bemerkungen
1	Anzahlen von Steckwürfeln durch Bündeln bestimmen und notieren					
	in der Stellentafel	○	○	○	○	
	als Plusaufgabe	○	○	○	○	
2	Bildlich dargestellte Zahlen notieren					
	in der Stellentafel	○	○	○	○	
	als Plusaufgabe	○	○	○	○	
	als Zahl	○	○	○	○	
3	Zweistellige Zahlen bildlich darstellen	○	○	○	○	
4	Punktebilder in Zahlen übertragen	○	○	○	○	
5	Zahlwörter in Zahlen übertragen	○	○	○	○	
6	Zahlen als Zahlwörter notieren	○	○	○	○	
7	Zahlenrätsel lösen	○	○	○	○	

So hast du bei diesem Thema im Unterricht gearbeitet:

Arbeitsweise: ○ selbstständig   ○ konzentriert   ○ genau

Unterstützungsbedarf: ○ häufig   ○ gelegentlich   ○ nie

Arbeitstempo: ○ langsam   ○ angemessen   ○ zügig

Zusätzliche Bemerkungen/Tipps:

Datum: _____

1 Zeichne das Muster ab und setze es fort.

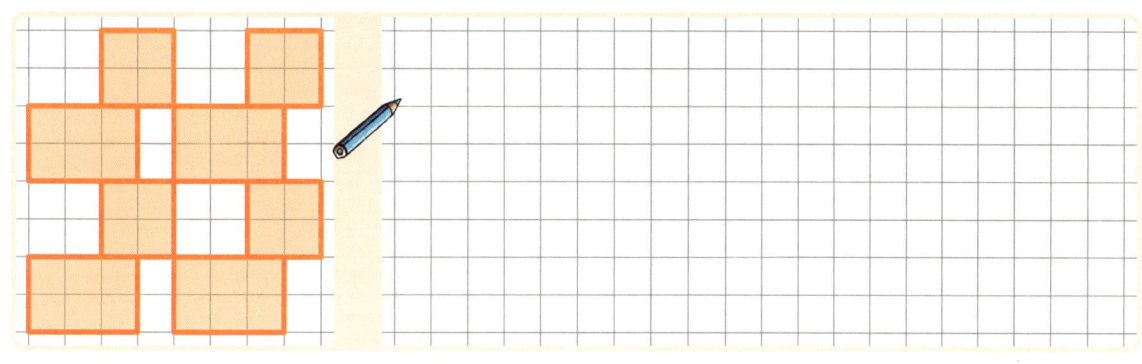

2 Setze die Reihen fort.

a)

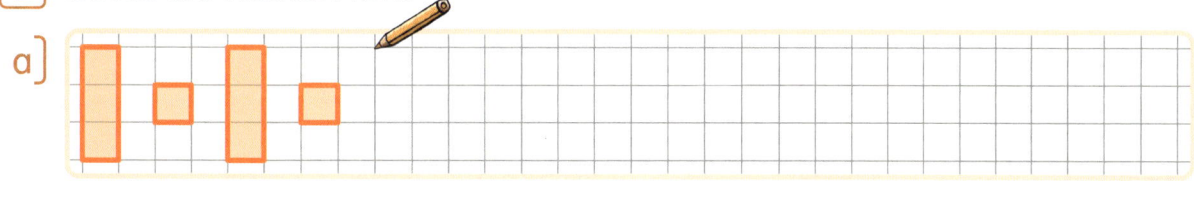

b)

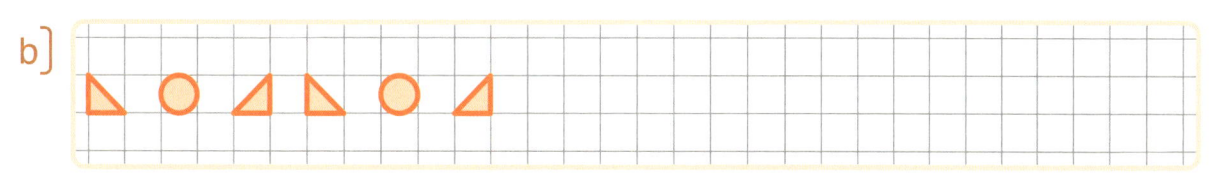

3 Zeichne die Wege nach den Vorgaben der Pfeile ein.
Beginne immer beim roten Punkt.

a)

b)

4 Zeichne den Weg nach den Vorgaben ein. Beginne beim roten Punkt.

Datum: _____

Aufgabe	Kompetenz	sicher	meist	teil-weise	noch nicht	Bemerkungen
1	Muster aus geometrischen Grundformen abzeichnen und fortsetzen	○	○	○	○	
2	Reihen aus geometrischen Grundformen fortsetzen	○	○	○	○	
3	Durch Richtungspfeile vorgegebene Wege einzeichnen	○	○	○	○	
4	Einen Weg nach verbalen Vorgaben einzeichnen	○	○	○	○	

So hast du bei diesem Thema im Unterricht gearbeitet:

Arbeitsweise: ○ selbstständig ○ konzentriert ○ genau

Unterstützungsbedarf: ○ häufig ○ gelegentlich ○ nie

Arbeitstempo: ○ langsam ○ angemessen ○ zügig

Zusätzliche Bemerkungen/Tipps:

Datum: _____

1 Ergänze die Zahlen in den hellen Feldern.

a)  b)  c)

2 Trage die markierten Zahlen ein.

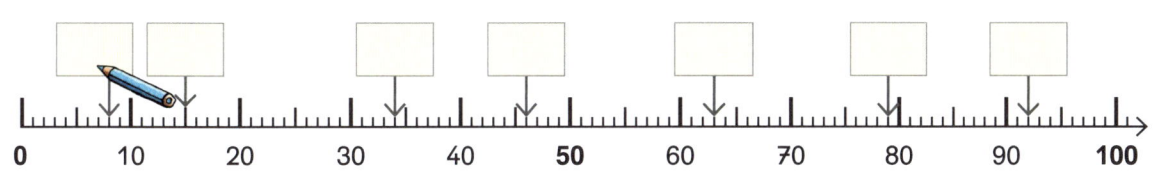 

3 Trage die Nachbarzehner (NZ) ein.

a) 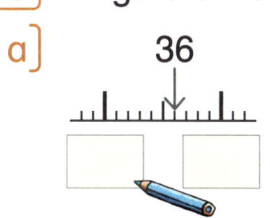 b) 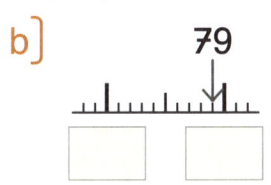 c)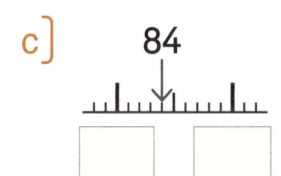

4 Bestimme die beiden Nachbarzehner (NZ).

a)  b) 93 c) 60

d) 46 e) 19 f) 35

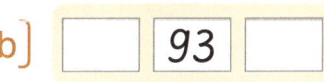  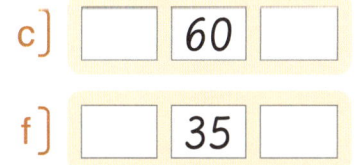 

5 Überlege, welche Zahlen markiert sind. Trage sie ein.

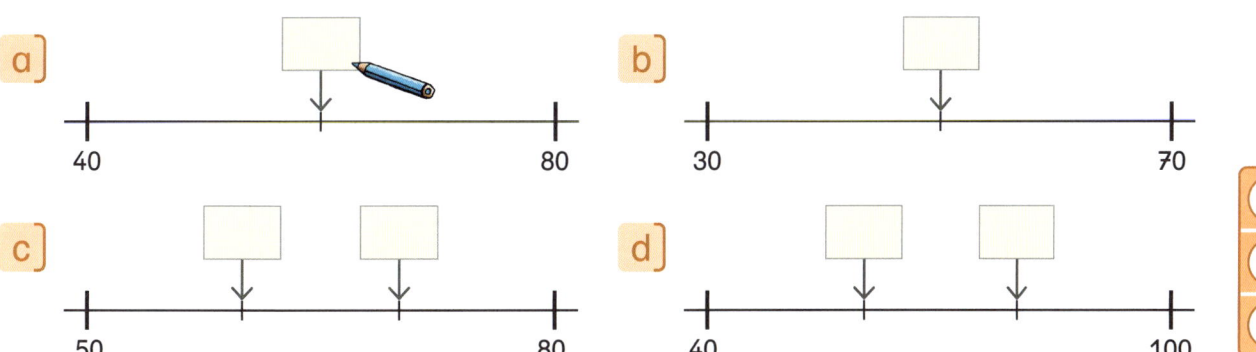

Datum: _____

6 Bestimme die Nachbarzahlen.

a) [ ] 32 [ ]   b) [ ] 80 [ ]   c) [ ] 51 [ ]

d) 43 [ ] 45   e) 89 [ ] 91   f) 68 [ ] 70

7 Setze die Zahlenfolgen fort.

a) 39 40 41 [ ] [ ] 44 [ ] [ ] [ ] 48 [ ] 50

b) 81 80 79 [ ] [ ] 76 [ ] [ ] [ ] 72 [ ] 70

8 Ergänze die Zahlenfolgen.

a) [ ] [ ] [ ] [ ] [ ] 74 [ ] [ ] [ ] 78 [ ] [ ]

b) [ ] [ ] 66 [ ] [ ] [ ] [ ] 61 [ ] [ ] [ ] [ ]

9 Ordne die Zahlen der Größe nach.

a) Beginne mit der kleinsten Zahl.   b) Beginne mit der größten Zahl.

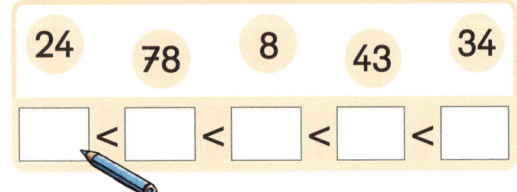

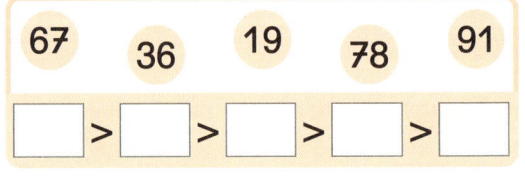

[ ] < [ ] < [ ] < [ ] < [ ]   [ ] > [ ] > [ ] > [ ] > [ ]

10 Setze die Zeichen <, > oder = passend ein.

a) 43 ◯ 47   b) 66 ◯ 64   c) 54 ◯ 45

d) 72 ◯ 72   e) 78 ◯ 87   f) 83 ◯ 93

11 Setze passende Zahlen ein.

a) 39 < [ ]   b) 47 > [ ]   c) 83 = [ ]

d) 98 < [ ]   e) 51 = [ ]   f) 28 > [ ]

Datum: _____

Aufgabe	Kompetenz	sicher	meist	teil-weise	noch nicht	Bemerkungen
1 a] b] c]	Fehlende Zahlen in Ausschnitten der Hundertertafel ergänzen	○	○	○	○	
2	Zahlen am Zahlenstrahl ablesen und notieren	○	○	○	○	
3	Nachbarzehner an Zahlenstrahlausschnitten ablesen und notieren	○	○	○	○	
4	Zu vorgegebenen Zahlen die beiden Nachbarzehner bestimmen	○	○	○	○	
5	Am Zahlenstrich dargestellte Zahlen ermitteln und notieren	○	○	○	○	
6	Nachbarzahlen bestimmen	○	○	○	○	
7	In Zahlenfolgen fehlende Zahlen ergänzen	○	○	○	○	
8	Richtung einer Zahlenfolge erkennen und Zahlenfolge vervollständigen	○	○	○	○	
9	Zahlen der Größe nach ordnen	○	○	○	○	
10	Zahlen vergleichen und passende Relationszeichen einsetzen	○	○	○	○	
11	Bei Zahlvergleichen passende Zahlen einsetzen	○	○	○	○	

So hast du bei diesem Thema im Unterricht gearbeitet:

Arbeitsweise: ○ selbstständig ○ konzentriert ○ genau

Unterstützungsbedarf: ○ häufig ○ gelegentlich ○ nie

Arbeitstempo: ○ langsam ○ angemessen ○ zügig

Zusätzliche Bemerkungen/Tipps:

Datum: _____

1 In der Tabelle sind die Lieblingsfächer der Kinder aus den Klassen 2a und 2b dargestellt. Ergänze die Aussagen.

	Sport	Mathe	Deutsch	andere
Klasse 2a	10	7	5	5
Klasse 2b	9	5	6	3
insgesamt	19	12	11	8

a) ☐ Kinder der Klasse 2a haben Sport als Lieblingsfach.

b) Insgesamt mögen ☐ Kinder am liebsten Deutsch.

c) ☐ Kinder der Klasse 2b haben Mathe als Lieblingsfach.

d) Insgesamt mögen ☐ Kinder ein anderes Fach am liebsten.

2 Lies die Informationen auf den Zetteln. Ergänze dann die Aussagen.

> In der Klasse 2a sind 27 Kinder. 6 spielen Flöte.

> 12 Kinder haben Geschwister. 4 von ihnen haben kleine Brüder.

a) ☐ Kinder in der Klasse 2a spielen Flöte.

b) ☐ Kinder haben kleine Brüder.

c) In die Klasse 2a gehen ☐ Kinder.

3 Lies die Informationen in dem Säulendiagramm ab. Ergänze dann die Aussagen.

a) Die meisten Kinder wünschen sich _____ als Haustier.

b) Gleich viele Kinder wünschen sich _____ oder _____ als Haustier.

c) ☐ Kinder wünschen sich als Haustier eine Katze.

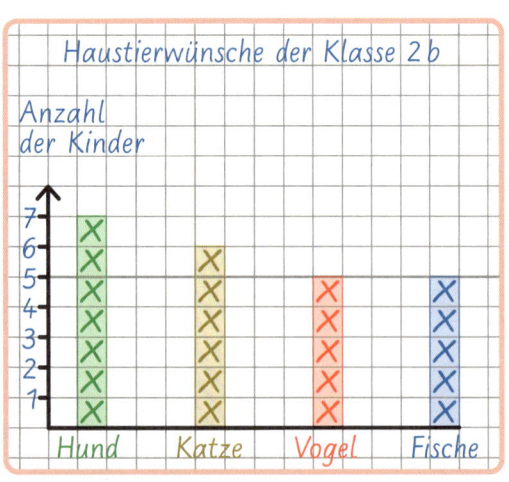

Haustierwünsche der Klasse 2b

Datum: _____

4 In den Klassen 2a und 2b wurde eine Umfrage zum Lieblingshobby der Kinder gemacht. Die Ergebnisse wurden in Strichlisten notiert.

Freunde treffen	ՌՌՌ ՌՌՌ III
Draußen spielen	ՌՌՌ ՌՌՌ
Sport	ՌՌՌ II
Fernsehen	ՌՌՌ ՌՌՌ I
andere	ՌՌՌ IIII

a) Übertrage die Ergebnisse der Umfrage in eine Tabelle.

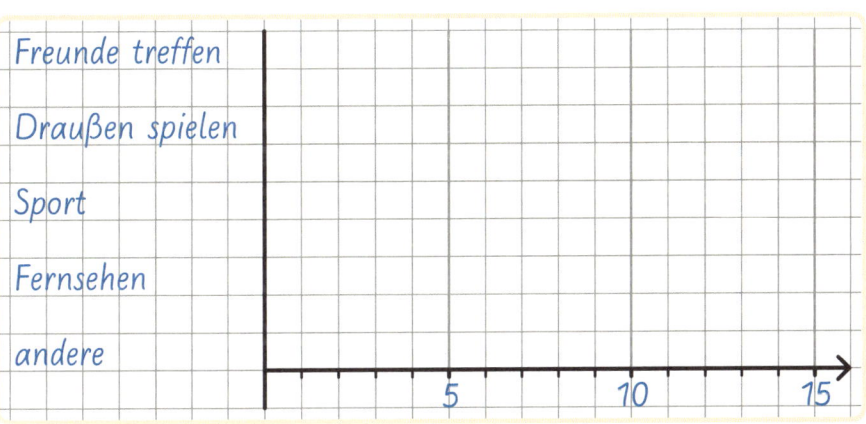

Hobby	Freunde treffen	Draußen spielen	Sport	Fernsehen	andere
Kinder					

b) Übertage die Ergebnisse der Umfrage in ein Balkendiagramm **oder** in ein Säulendiagramm.

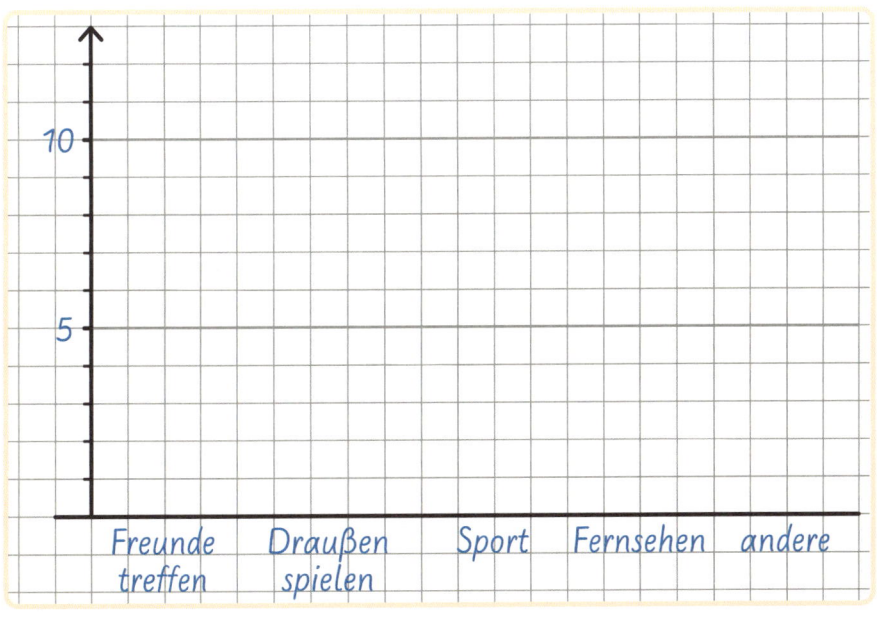

Datum: _____

Aufgabe	Kompetenz	sicher	meist	teil-weise	noch nicht	Bemerkungen
1	Einer Tabelle relevante Informationen entnehmen	○	○	○	○	
2	In Textform dargestellten Beschreibungen relevante Informationen entnehmen	○	○	○	○	
3	Einem Säulendiagramm relevante Informationen entnehmen	○	○	○	○	
4	Als Strichlisten vorgegebene Umfrageergebnisse in andere Darstellungsformen übertragen					
	in eine Tabelle	○	○	○	○	
	in ein Balkendiagramm oder	○	○	○	○	
	in ein Säulendiagramm	○	○	○	○	

So hast du bei diesem Thema im Unterricht gearbeitet:

Arbeitsweise:　　○ selbstständig　　○ konzentriert　　○ genau

Unterstützungsbedarf:　　○ häufig　　○ gelegentlich　　○ nie

Arbeitstempo:　　○ langsam　　○ angemessen　　○ zügig

Zusätzliche Bemerkungen/Tipps:

Datum: _____

1 Kreuze die Bilder an, die du mit dem Spiegel sehen kannst.

a)

b)

2 Kreuze die symmetrischen Figuren an.

a)

b)

3 Zeichne alle Symmetrieachsen ein.

a)

b)

Datum: _____

4 Ergänze die Figuren symmetrisch.

a]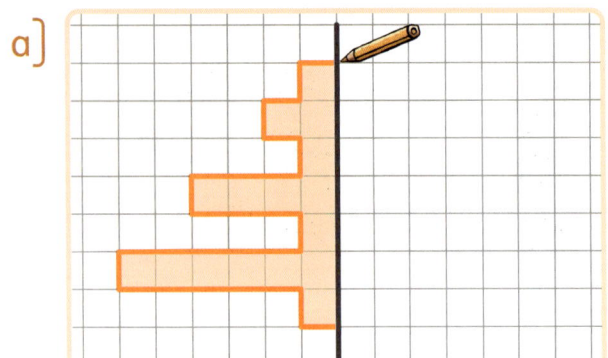

b]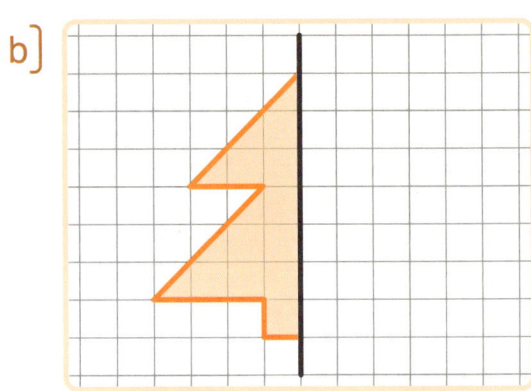

c]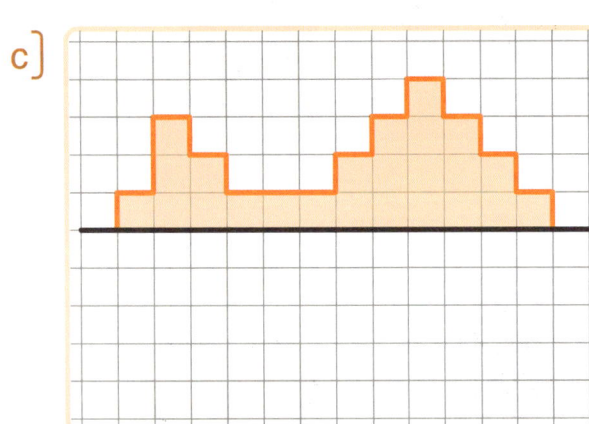

d]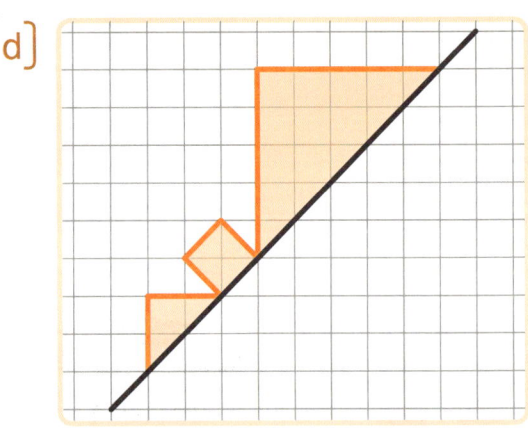

5 Finde die Fehler im Spiegelbild. Kreise sie ein.

a]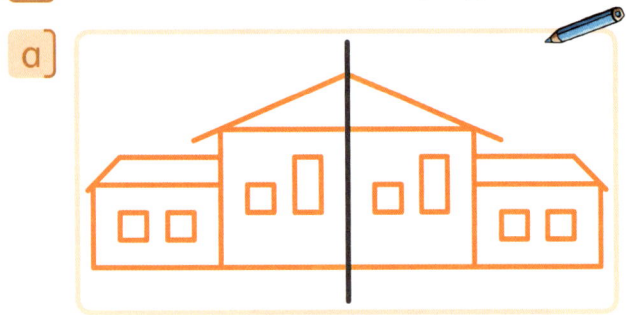

b]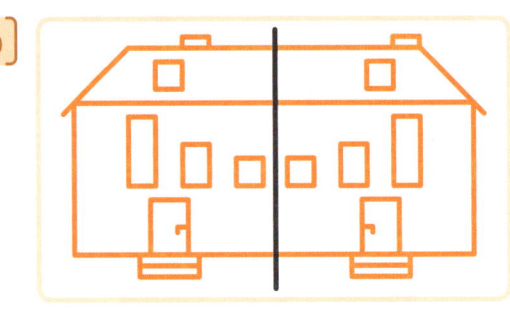

c]

d]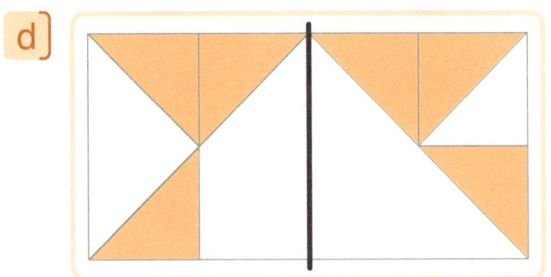

Datum: _____

Aufgabe	Kompetenz	sicher	meist	teil-weise	noch nicht	Bemerkungen
1	Mit einem Spiegel erzeugbare Spiegelbilder erkennen	○	○	○	○	
2	Symmetrische Figuren erkennen:					
	gegenständliche Abbildungen	○	○	○	○	
	Buchstaben und Zahlen	○	○	○	○	
3	Alle Spiegelachsen finden und einzeichnen:					
	in Figuren	○	○	○	○	
	in Wörtern	○	○	○	○	
4	Vorgegebene Figuren symmetrisch ergänzen	○	○	○	○	
5	Fehler in Spiegelbildern finden und markieren	○	○	○	○	

So hast du bei diesem Thema im Unterricht gearbeitet:

Arbeitsweise: ○ selbstständig ○ konzentriert ○ genau

Unterstützungsbedarf: ○ häufig ○ gelegentlich ○ nie

Arbeitstempo: ○ langsam ○ angemessen ○ zügig

Zusätzliche Bemerkungen/Tipps:

Datum: _____

1 Schreibe zu jedem Rechenbild die Plusaufgabe.

a)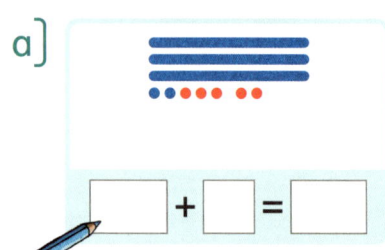

b)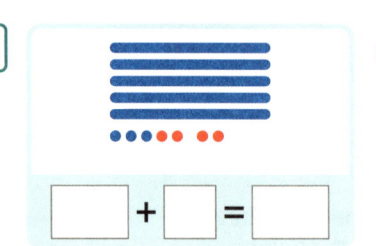

c)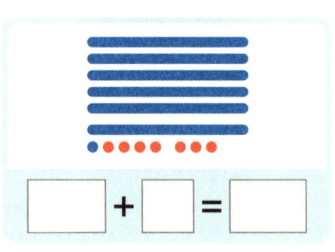

☐ + ☐ = ☐   ☐ + ☐ = ☐   ☐ + ☐ = ☐

2 Löse verwandte Plusaufgaben.

a) 5 + 4 = ☐

65 + 4 = ☐

b) 2 + 6 = ☐

72 + 6 = ☐

c) 4 + 3 = ☐

34 + 3 = ☐

3 Finde und berechne zuerst die kleine Aufgabe. Löse dann die Aufgabe.

a) ☐ + ☐ = ☐

53 + 4 = ☐

b) ☐ + ☐ = ☐

81 + 5 = ☐

c) ☐ + ☐ = ☐

92 + 3 = ☐

4 Berechne zuerst die kleine Aufgabe im Kopf.
Löse dann die Aufgabe.

a) 84 + 2 = ☐

b) 65 + 3 = ☐

c) 57 + 2 = ☐

5 Schreibe zu jedem Rechenbild die Minusaufgabe.

a)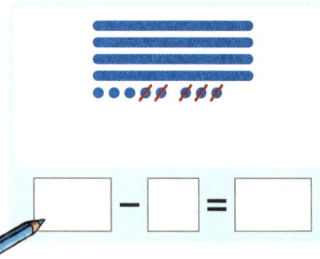

b)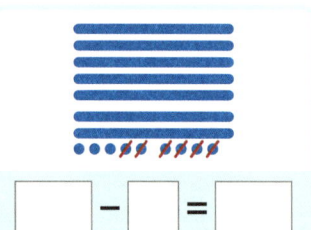

c)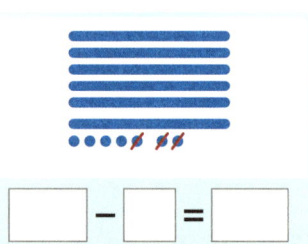

☐ – ☐ = ☐   ☐ – ☐ = ☐   ☐ – ☐ = ☐

6 Löse verwandte Minusaufgaben.

a) 6 – 2 = ☐

26 – 2 = ☐

b) 5 – 4 = ☐

75 – 4 = ☐

c) 7 – 5 = ☐

57 – 5 = ☐

20

Datum: _____

7 Finde und berechne zuerst die kleine Aufgabe. Löse dann die Aufgabe.

a) ☐ – ☐ = ☐
69 – 8 = ☐

b) ☐ – ☐ = ☐
37 – 4 = ☐

c) ☐ – ☐ = ☐
98 – 3 = ☐

8 Berechne zuerst die kleine Aufgabe im Kopf.
Löse dann die Aufgabe.

a) 45 – 4 = ☐

b) 87 – 5 = ☐

c) 64 – 3 = ☐

9 Lies Aufgabe und Umkehraufgabe ab und löse sie.

a)
$74 \underset{+3}{\overset{-3}{\rightleftarrows}}$ ☐
☐ ◯ ☐ = ☐
☐ ◯ ☐ = ☐

b)
$47 \underset{-2}{\overset{+2}{\rightleftarrows}}$ ☐
☐ ◯ ☐ = ☐
☐ ◯ ☐ = ☐

c)
$89 \underset{+6}{\overset{-6}{\rightleftarrows}}$ ☐
☐ ◯ ☐ = ☐
☐ ◯ ☐ = ☐

10 Löse die Aufgaben. Kontrolliere die Ergebnisse mit der Umkehraufgabe.

a) 73 + 5 = ☐ , denn _____

85 + 4 = ☐ , denn _____

32 + 6 = ☐ , denn _____

b) 68 – 7 = ☐ , denn _____

45 – 4 = ☐ , denn _____

97 – 3 = ☐ , denn _____

11 Kontrolliere die Aufgaben und verbessere falsche Ergebnisse.
Rechne dazu die Umkehraufgaben.

a) 43 + 6 = 49 ✓

52 + 4 = 5̶7̶ 56

64 + 6 = 69 _____

b) 86 – 5 = 82 _____

97 – 4 = 93 _____

49 – 7 = 24 _____

c) 34 + 5 = 39 _____

98 – 6 = 94 _____

75 + 2 = 78 _____

Datum: _____

Aufgabe	Kompetenz	sicher	meist	teil-weise	noch nicht	Bemerkungen
1	Rechenbilder in Plusaufgaben übertragen	○	○	○	○	
2	Verwandte Plusaufgaben lösen	○	○	○	○	
3	Die kleine Aufgabe finden und als Rechenhilfe nutzen	○	○	○	○	
4	Plusaufgaben lösen	○	○	○	○	
5	Rechenbilder in Minusaufgaben übertragen	○	○	○	○	
6	Verwandte Minusaufgaben lösen	○	○	○	○	
7	Die kleine Aufgabe finden und als Rechenhilfe nutzen	○	○	○	○	
8	Minusaufgaben lösen	○	○	○	○	
9	Umkehraufgaben ablesen und lösen	○	○	○	○	
10	Aufgaben lösen und mithilfe der Umkehraufgabe kontrollieren					
	Plusaufgaben	○	○	○	○	
	Minusaufgaben	○	○	○	○	
11	Fehler finden und korrigieren	○	○	○	○	

So hast du bei diesem Thema im Unterricht gearbeitet:

Arbeitsweise: ○ selbstständig   ○ konzentriert   ○ genau

Unterstützungsbedarf: ○ häufig   ○ gelegentlich   ○ nie

Arbeitstempo: ○ langsam   ○ angemessen   ○ zügig

Zusätzliche Bemerkungen/Tipps:

Datum: _____

1 Kreuze die Fragen (F) an, die zu der Rechengeschichte (G) passen.

G: Der Vater hat auf dem Jahrmarkt 12 Lose gekauft.
Jedes seiner 3 Kinder bekommt 4 Lose.

F: Was hat ○ der Vater gewonnen?

F: Was hat ○ der Vater gekauft?

F: Wie viele ○ Kinder hat der Vater?

F: Wie viele ○ Lose bekommt jedes Kind?

2 Kreuze die passende Antwort (A) an.

G: Im Schwimmbad sind insgesamt 25 Kinder.
9 Kinder sind im Nichtschwimmerbecken.
Die anderen sind im Schwimmerbecken.

F: Wie viele Kinder sind im Schwimmerbecken?

R: $25 - 9 = 16$

A: 25 Kinder sind im Schwimmbad. ○

A: 9 Kinder sind im Nichtschwimmerbecken. ○

A: Im Schwimmerbecken sind 16 Kinder mehr. ○

A: Im Schwimmerbecken sind 16 Kinder. ○

3 Ordne jeder Rechengeschichte (G) die passende Frage (F),
Rechnung (R) und Antwort (A) zu. Verbinde.

G: Anne hat 4 Tierpostkarten. Ihre Freundin Lena hat 35.

G: Lisa hat 35 Tierpostkarten. Ihre Freundin Lea hat 4 mehr.

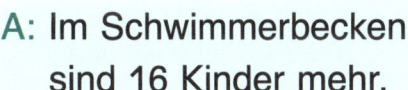

F: Wie viele Tierpostkarten hat ihre Freundin mehr?

F: Wie viele Tierpostkarten hat ihre Freundin?

R: $35 + 4 = 39$ R: $35 - 4 = 31$

A: Ihre Freundin hat 39 Tierpostkarten.

A: Ihre Freundin hat 31 Tierpostkarten mehr.

Datum: _____

Aufgabe	Kompetenz	sicher	meist	teil-weise	noch nicht	Bemerkungen
1	Zu einer Rechengeschichte passende Fragen erkennen	○	○	○	○	
2	Zu einer Rechengeschichte mit vorgegebener Frage und Rechnung die passende Antwort erkennen	○	○	○	○	
3	Rechengeschichten jeweils eine passende Frage, Rechnung und Antwort zuordnen	○	○	○	○	

So hast du bei diesem Thema im Unterricht gearbeitet:

Arbeitsweise: ○ selbstständig ○ konzentriert ○ genau

Unterstützungsbedarf: ○ häufig ○ gelegentlich ○ nie

Arbeitstempo: ○ langsam ○ angemessen ○ zügig

Zusätzliche Bemerkungen/Tipps:

Datum: _____

1 | Schreibe zu jedem Rechenbild die Plusaufgabe.

a]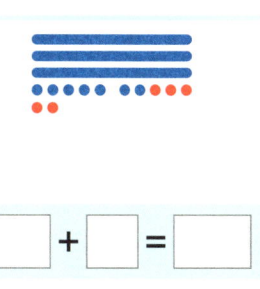

☐ + ☐ = ☐

b]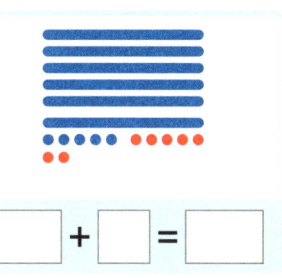

☐ + ☐ = ☐

c]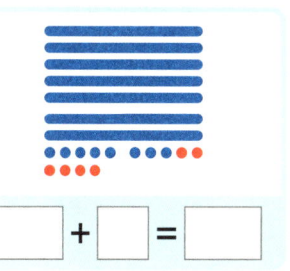

☐ + ☐ = ☐

2 | Löse die verwandten Aufgaben.

a] 8 + 6 = ☐

28 + 6 = ☐

58 + 6 = ☐

b] 5 + 7 = ☐

35 + 7 = ☐

75 + 7 = ☐

c] 7 + 8 = ☐

47 + 8 = ☐

87 + 8 = ☐

3 | Finde und berechne zuerst die kleine Aufgabe. Löse dann die Aufgabe.

a] ☐ + ☐ = ☐

38 + 7 = ☐

b] ☐ + ☐ = ☐

76 + 6 = ☐

c] ☐ + ☐ = ☐

69 + 4 = ☐

4 | Lies die Rechenschritte am Rechenstrich ab. Schreibe sie auf.

a]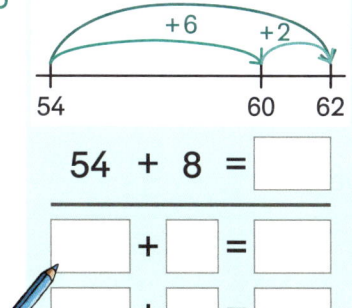

54 + 8 = ☐

☐ + ☐ = ☐

☐ + ☐ = ☐

b]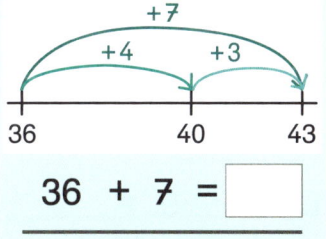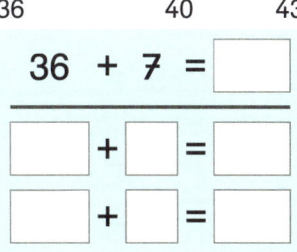

36 + 7 = ☐

☐ + ☐ = ☐

☐ + ☐ = ☐

c]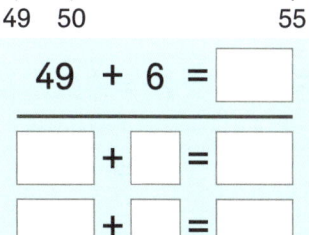

49 + 6 = ☐

☐ + ☐ = ☐

☐ + ☐ = ☐

5 | Finde die beiden Rechenschritte. Löse die Aufgaben.

a] 87 + 5 = ☐

☐ + ☐ = ☐

☐ + ☐ = ☐

b] 28 + 6 = ☐

☐ + ☐ = ☐

☐ + ☐ = ☐

c] 56 + 8 = ☐

☐ + ☐ = ☐

☐ + ☐ = ☐

Datum: _____

6 Lies bei +9-Aufgaben die beiden Rechenschritte am Rechenstrich ab. Schreibe sie auf.

a]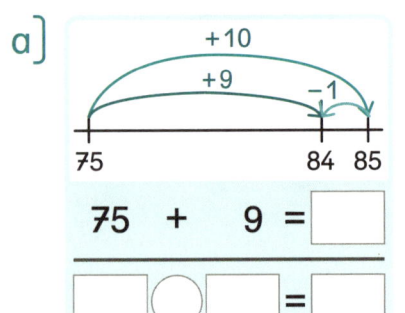

b]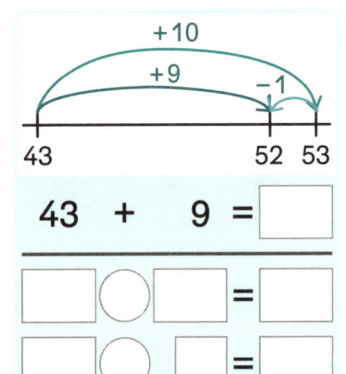

c]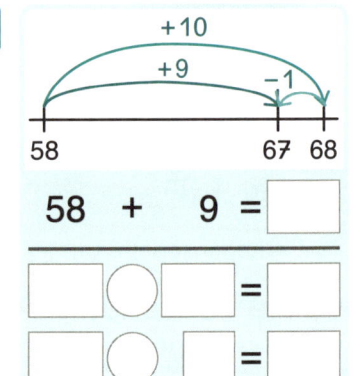

$75 + 9 = \boxed{}$

$\boxed{} \bigcirc \boxed{} = \boxed{}$

$\boxed{} \bigcirc \boxed{} = \boxed{}$

$43 + 9 = \boxed{}$

$\boxed{} \bigcirc \boxed{} = \boxed{}$

$\boxed{} \bigcirc \boxed{} = \boxed{}$

$58 + 9 = \boxed{}$

$\boxed{} \bigcirc \boxed{} = \boxed{}$

$\boxed{} \bigcirc \boxed{} = \boxed{}$

7 Finde bei +9-Aufgaben die beiden Rechenschritte. Löse die Aufgaben.

a] $36 + 9 = \boxed{}$

$\boxed{} \bigcirc \boxed{} = \boxed{}$

$\boxed{} \bigcirc \boxed{} = \boxed{}$

b] $29 + 9 = \boxed{}$

$\boxed{} \bigcirc \boxed{} = \boxed{}$

$\boxed{} \bigcirc \boxed{} = \boxed{}$

c] $67 + 9 = \boxed{}$

$\boxed{} \bigcirc \boxed{} = \boxed{}$

$\boxed{} \bigcirc \boxed{} = \boxed{}$

Wie rechnest du?

8 Löse die Aufgaben. Schreibe deinen Rechenweg auf.

a] $45 + 8 = \boxed{}$

$\boxed{} \bigcirc \boxed{} = \boxed{}$

$\boxed{} \bigcirc \boxed{} = \boxed{}$

b] $76 + 9 = \boxed{}$

$\boxed{} \bigcirc \boxed{} = \boxed{}$

$\boxed{} \bigcirc \boxed{} = \boxed{}$

c] $68 + 4 = \boxed{}$

$\boxed{} \bigcirc \boxed{} = \boxed{}$

$\boxed{} \bigcirc \boxed{} = \boxed{}$

9 Löse die Aufgaben. Rechne deine Rechenschritte im Kopf.

a] $35 + 7 = \boxed{}$

$37 + 8 = \boxed{}$

b] $48 + 9 = \boxed{}$

$56 + 6 = \boxed{}$

c] $72 + 9 = \boxed{}$

$68 + 8 = \boxed{}$

Datum: _____

Aufgabe	Kompetenz	sicher	meist	teil-weise	noch nicht	Bemerkungen
1	Rechenbilder in Plusaufgaben übertragen	○	○	○	○	
2	Verwandte Plusaufgaben lösen	○	○	○	○	
3	Die kleine Aufgabe finden und als Rechenhilfe nutzen	○	○	○	○	
4	Rechenschritte am Rechenstrich ablesen und notieren	○	○	○	○	
5	Rechenschritte finden und notieren	○	○	○	○	
6	Rechenschritte bei +9-Aufgaben am Rechenstrich ablesen und notieren	○	○	○	○	
7	Rechenschritte bei +9-Aufgaben finden und notieren	○	○	○	○	
8	Den eigenen Rechenweg finden und notieren	○	○	○	○	
9	Plusaufgaben mit dem eigenen Rechenweg im Kopf lösen	○	○	○	○	

So hast du bei diesem Thema im Unterricht gearbeitet:

Arbeitsweise: ○ selbstständig ○ konzentriert ○ genau

Unterstützungsbedarf: ○ häufig ○ gelegentlich ○ nie

Arbeitstempo: ○ langsam ○ angemessen ○ zügig

Zusätzliche Bemerkungen/Tipps:

Datum: _____

1 Verbinde. Manche Kärtchen passen zu mehreren Körpern.

| 6 Flächen | 3 Flächen | 1 Fläche | 0 Ecken |

| Würfel | Quader | Kugel | Zylinder |

| 12 Kanten | 2 Kanten | 0 Kanten | 8 Ecken |

2 Ordne die Ansichten zu.

von vorn   von hinten   von links   von rechts

3 Bestimme die Anzahl der Einzelwürfel.

a)

b)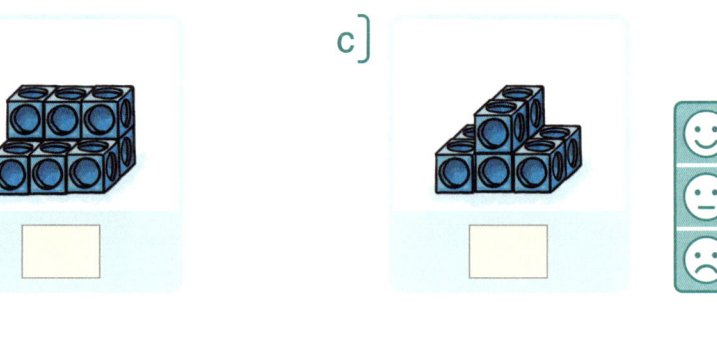

c)

4 Schreibe selbst Baupläne.

a)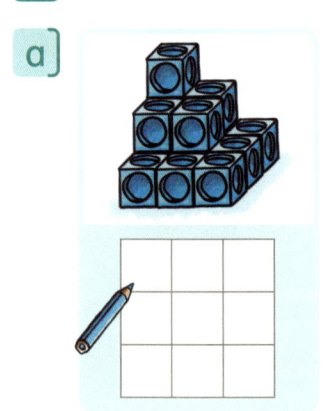

b)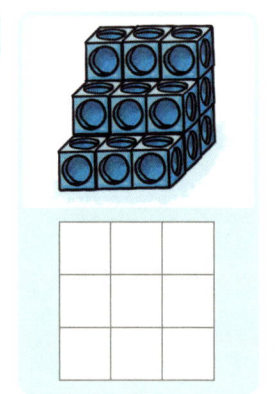

c)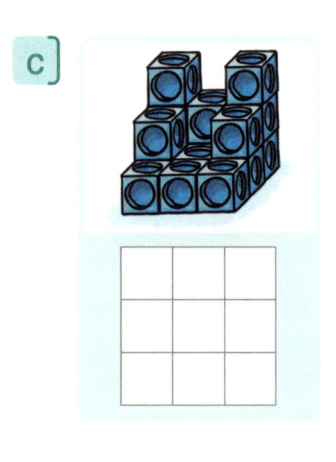

Datum: _____

Aufgabe	Kompetenz	sicher	meist	teil-weise	noch nicht	Bemerkungen
1	Mit Fachbegriffen beschriebene Merkmale geometrischen Körpern passend zuordnen	○	○	○	○	
2	Verschiedene Ansichten zuordnen	○	○	○	○	
3	Anzahl der verwendeten Steckwürfel bei Würfelbauten bestimmen	○	○	○	○	
4	Zu Bauwerken aus Steckwürfeln Baupläne schreiben	○	○	○	○	

So hast du bei diesem Thema im Unterricht gearbeitet:

Arbeitsweise: ○ selbstständig ○ konzentriert ○ genau

Unterstützungsbedarf: ○ häufig ○ gelegentlich ○ nie

Arbeitstempo: ○ langsam ○ angemessen ○ zügig

Zusätzliche Bemerkungen/Tipps:

Datum: _____

1 Schreibe zu jedem Rechenbild die Minusaufgabe.

a] 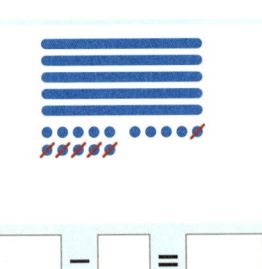   b] 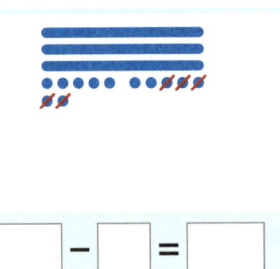   c]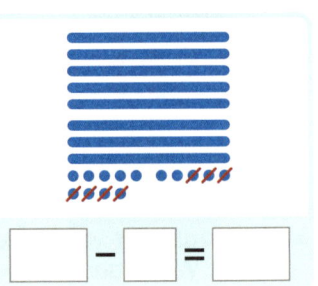

☐ − ☐ = ☐   ☐ − ☐ = ☐   ☐ − ☐ = ☐

2 Löse die verwandten Aufgaben.

a] 15 − 8 = ☐   b] 12 − 4 = ☐   c] 14 − 6 = ☐

25 − 8 = ☐   32 − 4 = ☐   54 − 6 = ☐

65 − 8 = ☐   72 − 4 = ☐   84 − 6 = ☐

3 Finde und berechne zuerst die kleine Aufgabe. Löse dann die Aufgabe.

a] ☐ − ☐ = ☐   b] ☐ − ☐ = ☐   c] ☐ − ☐ = ☐

62 − 8 = ☐   33 − 7 = ☐   84 − 6 = ☐

4 Lies die Rechenschritte am Rechenstrich ab. Schreibe sie auf.

a] 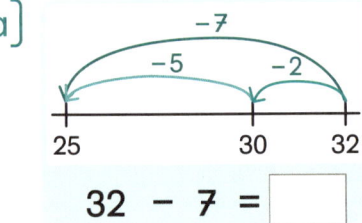   b] 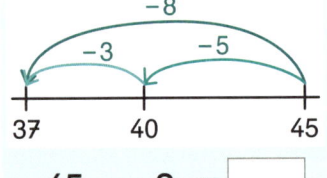   c]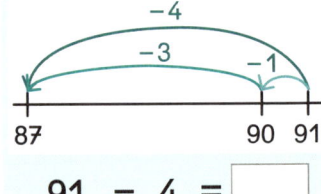

32 − 7 = ☐   45 − 8 = ☐   91 − 4 = ☐

☐ − ☐ = ☐   ☐ − ☐ = ☐   ☐ − ☐ = ☐

☐ − ☐ = ☐   ☐ − ☐ = ☐   ☐ − ☐ = ☐

5 Finde die beiden Rechenschritte. Löse die Aufgaben.

a] 56 − 8 = ☐   b] 72 − 6 = ☐   c] 93 − 5 = ☐

☐ − ☐ = ☐   ☐ − ☐ = ☐   ☐ − ☐ = ☐

☐ − ☐ = ☐   ☐ − ☐ = ☐   ☐ − ☐ = ☐

Datum: _____

6 Lies bei –9-Aufgaben die beiden Rechenschritte am Rechenstrich ab. Schreibe sie auf.

a)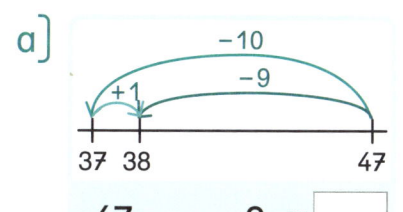

47 – 9 = ☐

☐ ○ ☐ = ☐
☐ ○ ☐ = ☐

b)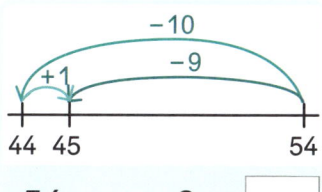

54 – 9 = ☐

☐ ○ ☐ = ☐
☐ ○ ☐ = ☐

c)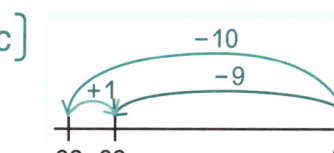

78 – 9 = ☐

☐ ○ ☐ = ☐
☐ ○ ☐ = ☐

7 Finde bei –9-Aufgaben die beiden Rechenschritte. Löse die Aufgaben.

a) 76 – 9 = ☐

☐ ○ ☐ = ☐
☐ ○ ☐ = ☐

b) 43 – 9 = ☐

☐ ○ ☐ = ☐
☐ ○ ☐ = ☐

c) 61 – 9 = ☐

☐ ○ ☐ = ☐
☐ ○ ☐ = ☐

Wie rechnest du?

8 Löse die Aufgaben. Schreibe deinen Rechenweg auf.

a) 42 – 6 = ☐

☐ ○ ☐ = ☐
☐ ○ ☐ = ☐

b) 65 – 9 = ☐

☐ ○ ☐ = ☐
☐ ○ ☐ = ☐

c) 74 – 8 = ☐

☐ ○ ☐ = ☐
☐ ○ ☐ = ☐

9 Löse die Aufgaben. Rechne deine Rechenschritte im Kopf.

a) 62 – 5 = ☐

81 – 3 = ☐

b) 94 – 8 = ☐

33 – 9 = ☐

c) 85 – 7 = ☐

76 – 8 = ☐

Datum: _____

Aufgabe	Kompetenz	sicher	meist	teil- weise	noch nicht	Bemerkungen
1	Rechenbilder in Minusaufgaben übertragen	○	○	○	○	
2	Verwandte Minusaufgaben lösen	○	○	○	○	
3	Die kleine Aufgabe finden und als Rechenhilfe nutzen	○	○	○	○	
4	Rechenschritte am Rechenstrich ablesen und notieren	○	○	○	○	
5	Rechenschritte finden und notieren	○	○	○	○	
6	Rechenschritte bei −9-Aufgaben am Rechenstrich ablesen und notieren	○	○	○	○	
7	Rechenschritte bei −9-Aufgaben finden und notieren	○	○	○	○	
8	Den eigenen Rechenweg finden und notieren	○	○	○	○	
9	Minusaufgaben mit dem eigenen Rechenweg im Kopf lösen	○	○	○	○	

So hast du bei diesem Thema im Unterricht gearbeitet:

Arbeitsweise: ○ selbstständig   ○ konzentriert   ○ genau

Unterstützungsbedarf: ○ häufig   ○ gelegentlich   ○ nie

Arbeitstempo: ○ langsam   ○ angemessen   ○ zügig

Zusätzliche Bemerkungen/Tipps:

Datum: _____

1 Lies beide Uhrzeiten ab und schreibe sie auf.

a] 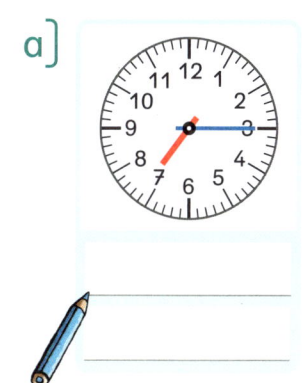 b]  c]  d]

2 Ordne passend zu. Verbinde.

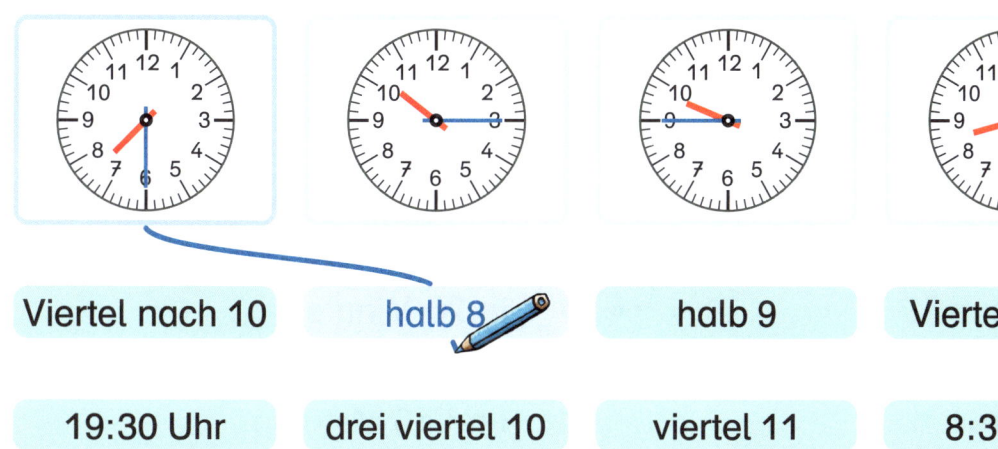

| Viertel nach 10 | halb 8 | halb 9 | Viertel vor 10 |

| 19:30 Uhr | drei viertel 10 | viertel 11 | 8:30 Uhr |

3 Lies die Uhrzeiten ab. Schreibe auf unterschiedliche Arten auf.

a]  b]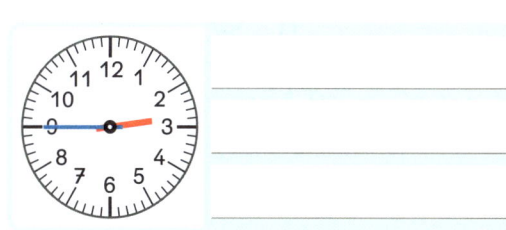

4 Zeichne den Minutenzeiger ein.

a]  9:20 Uhr b]  14:35 Uhr c] 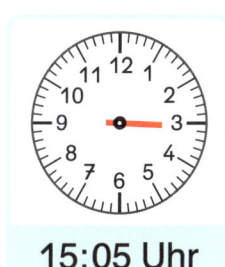 15:05 Uhr d]  12:50 Uhr

Datum: _____

5 Lies die Uhrzeiten ab. Bestimme, wie viel Zeit vergangen ist.

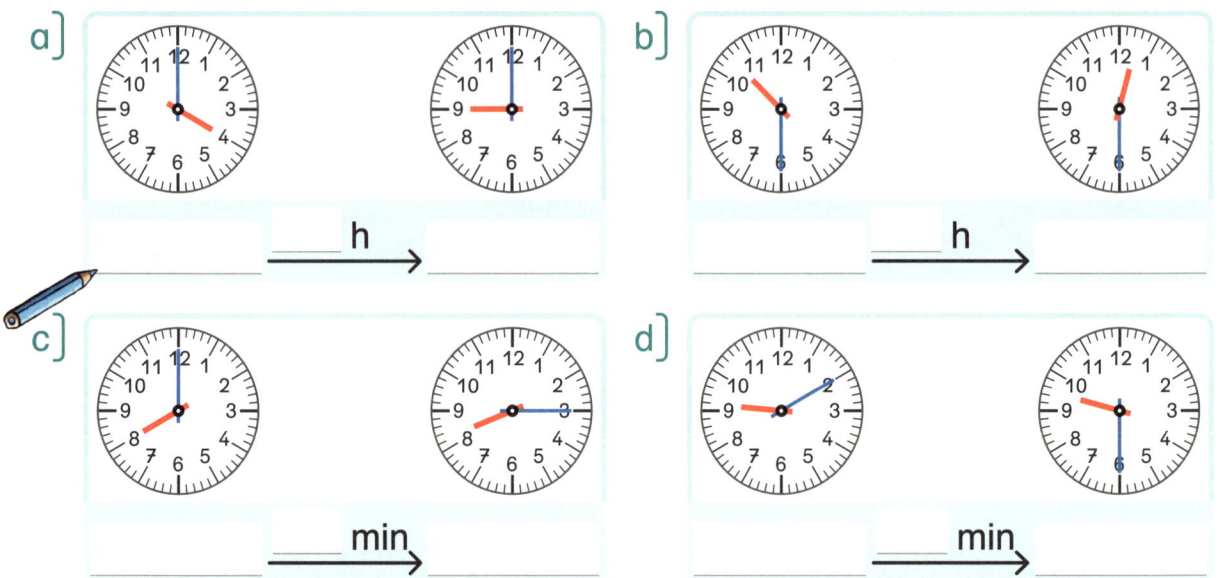

a] _____ h _____

b] _____ h _____

c] _____ min _____

d] _____ min _____

6 Berechne die Uhrzeiten.

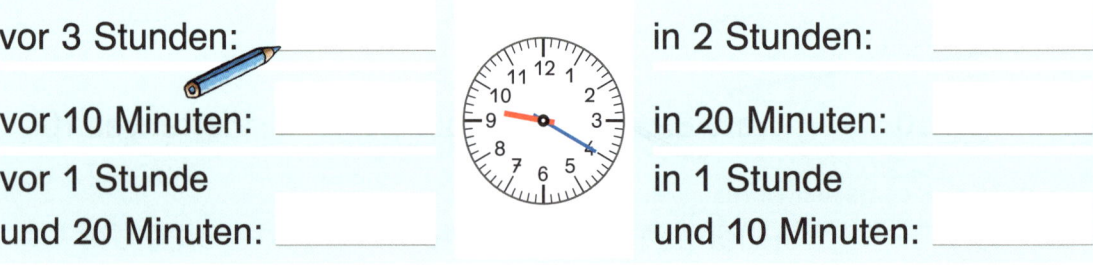

vor 3 Stunden: _____

vor 10 Minuten: _____

vor 1 Stunde
und 20 Minuten: _____

in 2 Stunden: _____

in 20 Minuten: _____

in 1 Stunde
und 10 Minuten: _____

7 Bestimme die Uhrzeiten.

a] *In 30 Minuten beginnt
mein Schwimmkurs.*

b] *Vor zwei Stunden
habe ich mit den
Hausaufgaben
begonnen.*

8 Schreibe auf, wie lange die Tätigkeiten dauern.

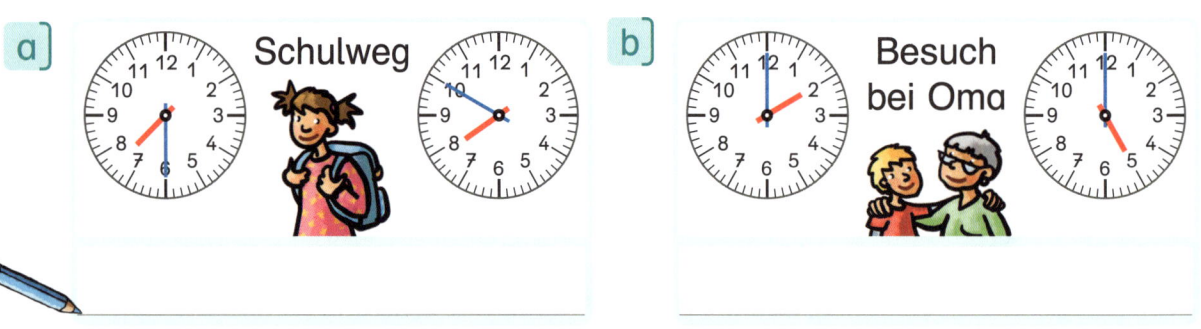

a] Schulweg

b] Besuch
bei Oma

Datum: _____

Aufgabe	Kompetenz	sicher	meist	teil-weise	noch nicht	Bemerkungen
1	Uhrzeiten in Stunden und Minuten ablesen und notieren					
	erste Tageshälfte	○	○	○	○	
	zweite Tageshälfte	○	○	○	○	
2	Einer Zeigerstellung unterschiedliche Uhrzeitangaben zuordnen	○	○	○	○	
3	Uhrzeiten ablesen und auf unterschiedliche Weise angeben	○	○	○	○	
4	Zur vorgegebenen Uhrzeit den Minutenzeiger einzeichnen	○	○	○	○	☐ mithilfe einer Lernuhr ☐ ohne Hilfe einer Lernuhr
5	Zeitspannen berechnen					
	in Stunden	○	○	○	○	
	in Minuten	○	○	○	○	
6	Anfangs- und Endzeitpunkte zu angegebenen Zeitspannen bestimmen					☐ mithilfe einer Lernuhr ☐ ohne Hilfe einer Lernuhr
	Anfangszeitpunkt	○	○	○	○	
	Endzeitpunkt	○	○	○	○	
7	Zu bildlich dargestellten Alltagssituationen und verbal vorgegebenen Zeitspannen Anfangs- und Endzeitpunkt bestimmen	○	○	○	○	
8	Zu bildlich dargestellten Alltagssituationen und vorgegebenen Anfangs- und Endzeitpunkten Zeitspannen bestimmen	○	○	○	○	

So hast du bei diesem Thema im Unterricht gearbeitet:

Arbeitsweise: ○ selbstständig ○ konzentriert ○ genau

Unterstützungsbedarf: ○ häufig ○ gelegentlich ○ nie

Arbeitstempo: ○ langsam ○ angemessen ○ zügig

Zusätzliche Bemerkungen/Tipps:

Datum: _____

1 Lies Aufgabe und Umkehraufgabe ab und löse sie.

a)
$$57 \xrightleftharpoons[-8]{+8} \boxed{}$$

$\boxed{} \bigcirc \boxed{} = \boxed{}$

$\boxed{} \bigcirc \boxed{} = \boxed{}$

b)
$$63 \xrightleftharpoons[+6]{-6} \boxed{}$$

$\boxed{} \bigcirc \boxed{} = \boxed{}$

$\boxed{} \bigcirc \boxed{} = \boxed{}$

c)
$$78 \xrightleftharpoons[-5]{+5} \boxed{}$$

$\boxed{} \bigcirc \boxed{} = \boxed{}$

$\boxed{} \bigcirc \boxed{} = \boxed{}$

2 Löse die Aufgaben. Kontrolliere die Ergebnisse mit der Umkehraufgabe.

a) $68 + 7 = \boxed{}$, denn _____

$76 + 8 = \boxed{}$, denn _____

$45 + 6 = \boxed{}$, denn _____

b) $93 - 8 = \boxed{}$, denn _____

$64 - 7 = \boxed{}$, denn _____

$32 - 5 = \boxed{}$, denn _____

3 Löse die Aufgaben.

a) $68 + 5 = \boxed{}$

$56 + 8 = \boxed{}$

$37 + 9 = \boxed{}$

b) $82 - 6 = \boxed{}$

$53 - 7 = \boxed{}$

$21 - 5 = \boxed{}$

c) $86 + 7 = \boxed{}$

$75 - 8 = \boxed{}$

$49 + 3 = \boxed{}$

4 Löse die Aufgaben.

a) $56 + \boxed{} = 63$

$87 + \boxed{} = 94$

$38 + \boxed{} = 42$

b) $42 - \boxed{} = 36$

$73 - \boxed{} = 65$

$91 - \boxed{} = 87$

c) $85 + \boxed{} = 93$

$65 - \boxed{} = 57$

$27 + \boxed{} = 36$

Datum: _____

5 Löse die Aufgaben.

a) 36 + 7 + 8 = ☐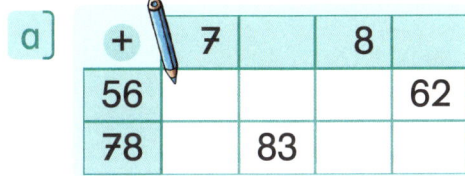

77 + 8 + 5 = ☐

68 + 7 + 4 = ☐

b) 42 − 5 − 3 = ☐

59 − 6 − 7 = ☐

92 − 6 − 3 = ☐

6 Rechne in Tabellen.

a)

+	8	6	5	9
65				
76				

b)

−	6	8	7	4
72				
83				

7 Rechne in Tabellen.

a)

+	7		8	
56				62
78	83			

b)

−	5			8
43			39	
92		85		

8 Ergänze die fehlenden Zahlen.

a)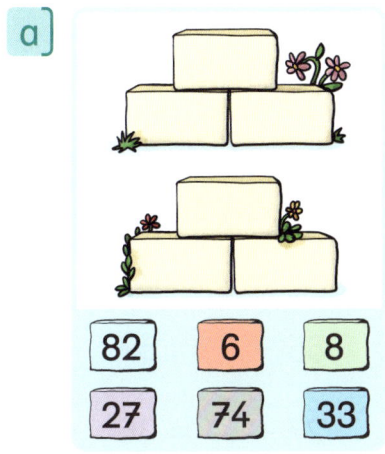

| 46 | 7 | 2 |

b)

| 22 |
| 18 | | 1 |

9 Setze die Zahlen passend ein. Es bleibt keine Zahl übrig.

a)

82 6 8

27 74 33

b)

68 62 8

76 2 6

Aufgabe	Kompetenz	sicher	meist	teil-weise	noch nicht	Bemerkungen
1	Umkehraufgaben ablesen und lösen	○	○	○	○	
2	Aufgaben lösen und mithilfe der Umkehraufgabe kontrollieren					
	Plusaufgaben	○	○	○	○	
	Minusaufgaben	○	○	○	○	
3	Plusaufgaben lösen	○	○	○	○	
	Minusaufgaben lösen	○	○	○	○	
4	Ergänzungsaufgaben lösen					
	Plusaufgaben	○	○	○	○	
	Minusaufgaben	○	○	○	○	
5	Aufgaben mit drei Zahlen lösen					
	Plusaufgaben	○	○	○	○	
	Minusaufgaben	○	○	○	○	
6	Aufgaben in Tabellen lösen					
	Plusaufgaben	○	○	○	○	
	Minusaufgaben	○	○	○	○	
7	Tabellen vervollständigen und Aufgaben lösen					
	Plusaufgaben	○	○	○	○	
	Minusaufgaben	○	○	○	○	
8	Zahlenmauern vervollständigen	○	○	○	○	
9	Vorgegebene Zahlen passend in Zahlenmauern einsetzen	○	○	○	○	

So hast du bei diesem Thema im Unterricht gearbeitet:

Arbeitsweise: ○ selbstständig ○ konzentriert ○ genau

Unterstützungsbedarf: ○ häufig ○ gelegentlich ○ nie

Arbeitstempo: ○ langsam ○ angemessen ○ zügig

Zusätzliche Bemerkungen/Tipps:

Datum: _____

1 Nummeriere die Monatsnamen in der richtigen Reihenfolge.

Januar: ☐   Juni: ☐   März: ☐   Dezember: ☐

April: ☐   November: ☐   August: ☐   Juli: ☐

Februar: ☐   September: ☐   Mai: ☐   Oktober: ☐

2 Schreibe auf, wie viele Tage die Monate haben.

a) September: ☐ Tage   b) Januar: ☐ Tage   c) Juni: ☐ Tage

d) August: ☐ Tage   e) April: ☐ Tage   f) Mai: ☐ Tage

3 Schreibe das Datum mit Zahlen auf.

a) 12. Dezember: _____   b) 2. März: _____

c) 10. August: _____   d) 4. Mai: _____

4 Schreibe das Datum auf. Schreibe den Monatsnamen als Wort.

a) 8.2.: _____   b) 10.10.: _____

c) 17.7.: _____   d) 6.11.: _____

5 Schreibe die Wochentage in der richtigen Reihenfolge auf.

Dienstag   Donnerstag   Samstag   Montag   Mittwoch   Freitag   Sonntag

_____

_____

6 Vervollständige die Sätze.   Heute ist Montag, der 23. Januar.

a) Gestern war _____

b) Morgen ist _____

c) Vorgestern war _____

d) Übermorgen ist _____

Aufgabe	Kompetenz	sicher	meist	teil-weise	noch nicht	Bemerkungen
1	Monatsnamen entsprechend ihrer Reihenfolge im Kalender nummerieren	○	○	○	○	
2	Die Dauer der Monate in Tagen bestimmen	○	○	○	○	
3	Datumsangaben in Zahlen notieren	○	○	○	○	
4	Datumsangaben in Worten notieren	○	○	○	○	
5	Wochentage entsprechend ihrer Reihenfolge im Kalender notieren	○	○	○	○	
6	Zu unterschiedlichen Zeitangaben das passende Datum finden	○	○	○	○	

So hast du bei diesem Thema im Unterricht gearbeitet:

Arbeitsweise:　　　○ selbstständig　○ konzentriert　○ genau

Unterstützungsbedarf:　○ häufig　　○ gelegentlich　○ nie

Arbeitstempo:　　　○ langsam　　○ angemessen　○ zügig

Zusätzliche Bemerkungen/Tipps:

Datum: _____

1 Schreibe zu jedem Bild die Plusaufgabe und die Malaufgabe. Löse sie.

a]

b]

c]

2 Schreibe zu jedem Punktefeld die Plusaufgabe und die Malaufgabe. Löse sie.

a]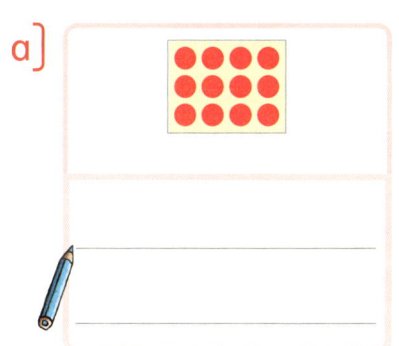

b]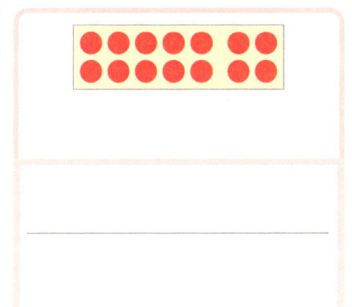

c]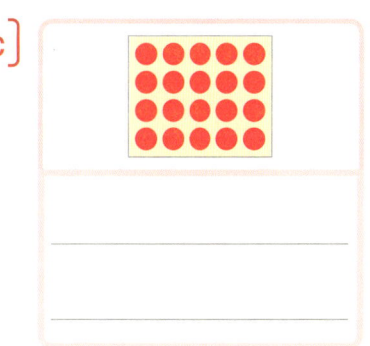

3 Schreibe zu jeder Malaufgabe die Plusaufgabe. Löse die Aufgaben.

a]

$2 \cdot 8 = \boxed{}$

b]

$4 \cdot 3 = \boxed{}$

c]

$5 \cdot 5 = \boxed{}$

4 Schreibe zu jedem Punktefeld die Malaufgabe und die Tauschaufgabe.

a]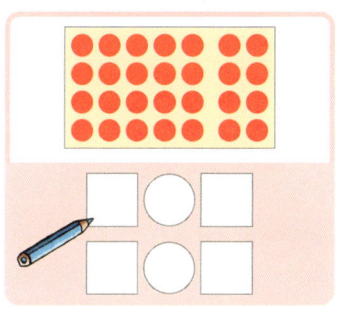

b]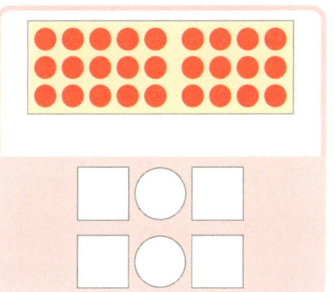

c]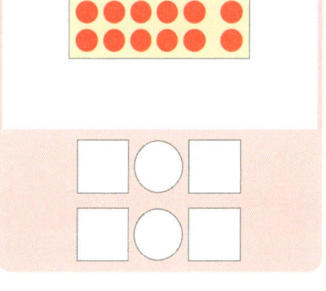

Datum: _____

5 Finde zu den Punktefeldern passende Nachbaraufgaben und löse sie.

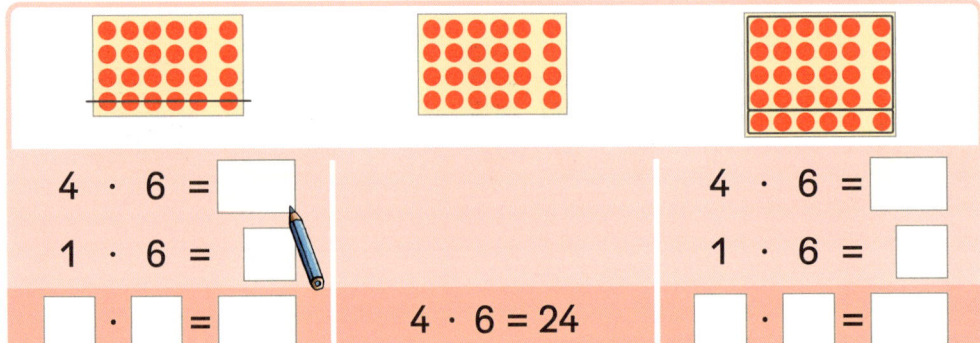

4 · 6 = ☐

1 · 6 = ☐

☐ · ☐ = ☐

4 · 6 = 24

4 · 6 = ☐

1 · 6 = ☐

☐ · ☐ = ☐

6 Finde passende Nachbaraufgaben und löse sie.

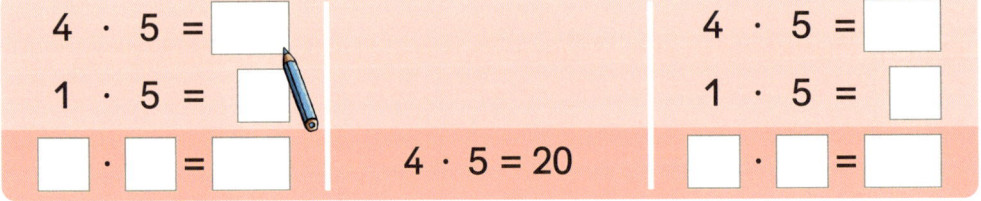

4 · 5 = ☐

1 · 5 = ☐

☐ · ☐ = ☐

4 · 5 = 20

4 · 5 = ☐

1 · 5 = ☐

☐ · ☐ = ☐

7 Bilde Malaufgaben aus anderen Malaufgaben.   *zusammensetzen*

a)
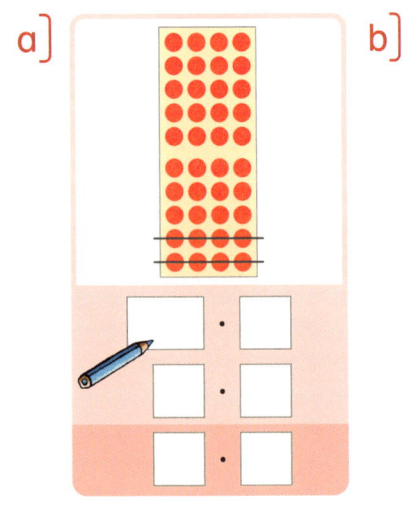
☐ · ☐

☐ · ☐

☐ · ☐

b)
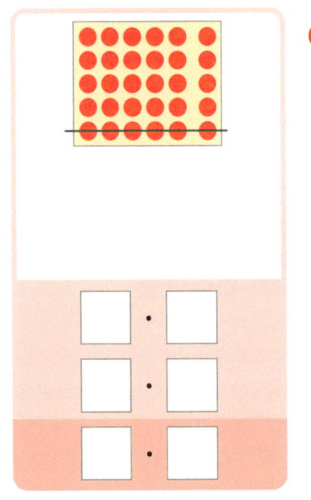
☐ · ☐

☐ · ☐

☐ · ☐

c)
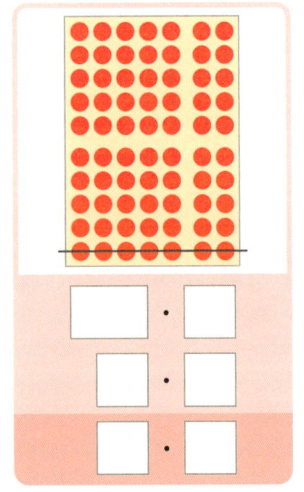
☐ · ☐

☐ · ☐

☐ · ☐

8 Bilde Malaufgaben aus anderen Malaufgaben.   *wegnehmen*

a)
☐ · ☐

☐ · ☐

☐ · ☐

b)
☐ · ☐

☐ · ☐

☐ · ☐

c)
☐ · ☐

☐ · ☐

☐ · ☐

Datum: _____

Aufgabe	Kompetenz	sicher	meist	teil-weise	noch nicht	Bemerkungen
1	Bildliche Darstellungen in Plus- und Malaufgaben übertragen	○	○	○	○	
2	Zu Punktebildern passende Plus- und Malaufgaben finden	○	○	○	○	
3	Malaufgaben mithilfe von Plusaufgaben lösen	○	○	○	○	
4	Zu Punktebildern jeweils die Malaufgabe und ihre Tauschaufgabe finden	○	○	○	○	
5	Mithilfe von Punktebildern Nachbaraufgaben bilden und lösen	○	○	○	○	
6	Nachbaraufgaben bilden und lösen	○	○	○	○	
7	Mithilfe von Punktebildern durch Zusammensetzen von Malaufgaben neue Malaufgaben bilden	○	○	○	○	
8	Mithilfe von Punktebildern durch Abziehen von Malaufgaben neue Malaufgaben bilden	○	○	○	○	

So hast du bei diesem Thema im Unterricht gearbeitet:

Arbeitsweise: ○ selbstständig ○ konzentriert ○ genau

Unterstützungsbedarf: ○ häufig ○ gelegentlich ○ nie

Arbeitstempo: ○ langsam ○ angemessen ○ zügig

Zusätzliche Bemerkungen/Tipps:

Datum: _____

1 Löse die Kernaufgaben aus dem Einmaleins mit 1, 2, 5 und 10.

a) $1 \cdot 1 =$ ☐  b) $1 \cdot 2 =$ ☐ c) $1 \cdot 5 =$ ☐ d) $1 \cdot 10 =$ ☐

$2 \cdot 1 =$ ☐ $2 \cdot 2 =$ ☐ $2 \cdot 5 =$ ☐ $2 \cdot 10 =$ ☐

$5 \cdot 1 =$ ☐ $5 \cdot 2 =$ ☐ $5 \cdot 5 =$ ☐ $5 \cdot 10 =$ ☐

$10 \cdot 1 =$ ☐ $10 \cdot 2 =$ ☐ $10 \cdot 5 =$ ☐ $10 \cdot 10 =$ ☐

2 Rechne mit den Kernaufgaben.

a)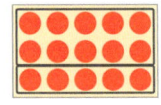

☐ $\cdot$ ☐ $=$ ☐

☐ $\cdot$ ☐ $=$ ☐

$3 \cdot 5 =$ ☐

b)

☐ $\cdot$ ☐ $=$ ☐

☐ $\cdot$ ☐ $=$ ☐

$6 \cdot 2 =$ ☐

c)

☐ $\cdot$ ☐ $=$ ☐

☐ $\cdot$ ☐ $=$ ☐

$7 \cdot 5 =$ ☐

d)

☐ $\cdot$ ☐ $=$ ☐

☐ $\cdot$ ☐ $=$ ☐

$4 \cdot 2 =$ ☐

e)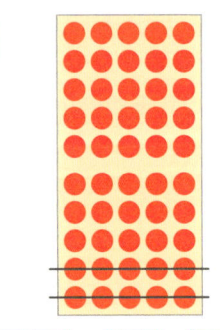

☐ $\cdot$ ☐ $=$ ☐

☐ $\cdot$ ☐ $=$ ☐

$8 \cdot 5 =$ ☐

f)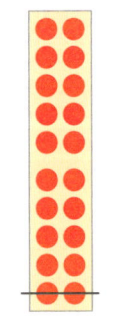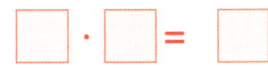

☐ $\cdot$ ☐ $=$ ☐

☐ $\cdot$ ☐ $=$ ☐

$9 \cdot 2 =$ ☐

3 Löse die Aufgaben aus dem Einmaleins mit 1, 2, 5 und 10.

a) 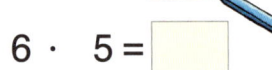 $3 \cdot 2 =$ ☐ b) $7 \cdot 10 =$ ☐ c) $3 \cdot 10 =$ ☐

$6 \cdot 5 =$ ☐ $9 \cdot 5 =$ ☐ $4 \cdot 5 =$ ☐

$8 \cdot 10 =$ ☐ $8 \cdot 2 =$ ☐ $6 \cdot 2 =$ ☐

Datum: _____

4 Löse die Aufgaben aus dem Einmaleins mit 1, 2, 5 und 10.

a] $60 = \boxed{} \cdot 10$ b] $40 = \boxed{} \cdot 10$ c] $40 = \boxed{} \cdot 5$

$15 = \boxed{} \cdot 5$ $18 = \boxed{} \cdot 2$ $90 = \boxed{} \cdot 10$

$8 = \boxed{} \cdot 1$ $35 = \boxed{} \cdot 5$ $14 = \boxed{} \cdot 2$

5 Löse die Aufgaben. Betrachte Aufgaben und Ergebnisse.
Ergänze die Aussagen.

a] $4 \cdot 5 = \boxed{}$

$4 \cdot 10 = \boxed{}$

Das Ergebnis der · 10-Aufgabe ist immer

_____

vom Ergebnis der · 5-Aufgabe.

b] $8 \cdot 10 = \boxed{}$

$8 \cdot 5 = \boxed{}$

Das Ergebnis der · 5-Aufgabe ist immer

_____

vom Ergebnis der · 10-Aufgabe.

6 Finde und löse zu jeder Aufgabe erst die Tauschaufgabe.

a] $\boxed{} \cdot \boxed{} = \boxed{}$ b] $\boxed{} \cdot \boxed{} = \boxed{}$ c] $\boxed{} \cdot \boxed{} = \boxed{}$

$5 \cdot 4 = \boxed{}$ $2 \cdot 8 = \boxed{}$ $10 \cdot 7 = \boxed{}$

7 Löse Aufgaben aus anderen Einmaleinsreihen.
Löse zuerst die Kernaufgaben mithilfe der Tauschaufgaben.
Rechne dann mit den Kernaufgaben weiter.

a] $5 \cdot 4 = \boxed{}$ b] $5 \cdot 7 = \boxed{}$ c] $5 \cdot 3 = \boxed{}$

$2 \cdot 4 = \boxed{}$ $1 \cdot 7 = \boxed{}$ $2 \cdot 3 = \boxed{}$

$7 \cdot 4 = \boxed{}$ $6 \cdot 7 = \boxed{}$ $7 \cdot 3 = \boxed{}$

d] $5 \cdot 7 = \boxed{}$ e] $10 \cdot 8 = \boxed{}$ f] $5 \cdot 6 = \boxed{}$

$1 \cdot 7 = \boxed{}$ $1 \cdot 8 = \boxed{}$ $1 \cdot 6 = \boxed{}$

$4 \cdot 7 = \boxed{}$ $9 \cdot 8 = \boxed{}$ $4 \cdot 6 = \boxed{}$

Datum: _____

Aufgabe	Kompetenz	sicher	meist	teil-weise	noch nicht	Bemerkungen
1	Kernaufgaben lösen					
	Einmaleins mit 1	◯	◯	◯	◯	
	Einmaleins mit 2	◯	◯	◯	◯	
	Einmaleins mit 5	◯	◯	◯	◯	
	Einmaleins mit 10	◯	◯	◯	◯	
2	Weitere Malaufgaben lösen					
	durch Zusammensetzen von Kernaufgaben	◯	◯	◯	◯	
	durch Abziehen von Kernaufgaben	◯	◯	◯	◯	
3	Einmaleinsaufgaben lösen	◯	◯	◯	◯	
4	In Einmaleinsaufgaben fehlende Zahlen ergänzen	◯	◯	◯	◯	
5	Zusammenhänge zwischen den Einmaleinsreihen mit 5 und 10 beschreiben	◯	◯	◯	◯	
6	Kernaufgaben weiterer Einmaleinsreihen mithilfe von Tauschaufgaben lösen	◯	◯	◯	◯	
7	Kernaufgaben aus weiteren Einmaleinsreihen mithilfe von Tauschaufgaben lösen	◯	◯	◯	◯	
	Weitere Malaufgaben durch Zusammensetzen oder Abziehen von Kernaufgaben lösen	◯	◯	◯	◯	

So hast du bei diesem Thema im Unterricht gearbeitet:

Arbeitsweise: ◯ selbstständig   ◯ konzentriert   ◯ genau

Unterstützungsbedarf: ◯ häufig   ◯ gelegentlich   ◯ nie

Arbeitstempo: ◯ langsam   ◯ angemessen   ◯ zügig

Zusätzliche Bemerkungen/Tipps:

Datum: _____

1 Verbinde die Abbildungen mit den passenden Formen.

Rechteck   Quadrat   Dreieck   Kreis

2 Verbinde Formen und ihre Eigenschaften.

Rechteck   Quadrat   Dreieck   Kreis

Die Figur hat 4 Ecken und 4 Seiten. Die gegenüberliegenden Seiten sind gleich lang.

Die Figur hat keine Ecken.

Die Figur hat 4 Ecken und 4 Seiten. Alle Seiten sind gleich lang.

Die Figur hat 3 Ecken und 3 Seiten.

3 Zeichne Faltlinien passend ein.

a Es sollen zwei gleich große Quadrate entstehen.

b Es sollen drei gleich große Rechtecke entstehen.

c Es sollen vier gleich große Dreiecke entstehen.

4 Verändere die Figuren. Zeichne dein Ergebnis auf.

a Aus einem Quadrat wird ein Dreieck.

b Aus einem Rechteck wird ein Quadrat.

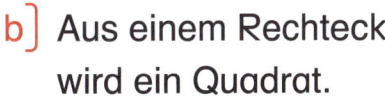

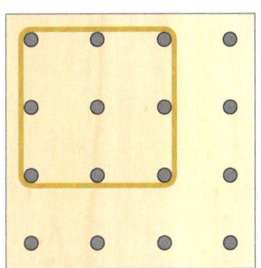 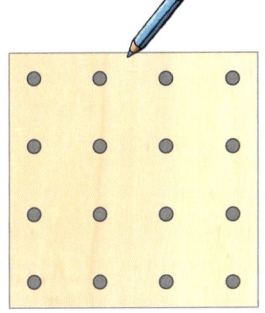 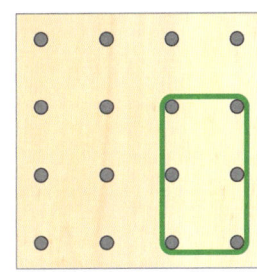 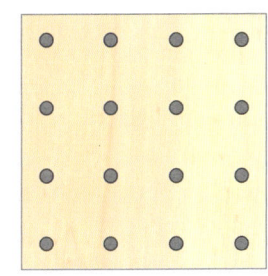

Datum: _____

Aufgabe	Kompetenz		sicher	meist	teil-weise	noch nicht	Bemerkungen
1	Alltagsgegenstände geometrischen Grundformen zuordnen	Rechteck	○	○	○	○	
		Quadrat	○	○	○	○	
		Dreieck	○	○	○	○	
		Kreis	○	○	○	○	
2	Geometrischen Grundformen mit Fachbegriffen beschriebene Eigenschaften zuordnen		○	○	○	○	
3	In Rechtecken vorgegebene Flächenformen finden und einzeichnen		○	○	○	○	
4	Am Geobrett dargestellte Figuren nach Vorgabe verändern		○	○	○	○	

So hast du bei diesem Thema im Unterricht gearbeitet:

Arbeitsweise:　　　○ selbstständig　　○ konzentriert　　○ genau

Unterstützungsbedarf:　　○ häufig　　○ gelegentlich　　○ nie

Arbeitstempo:　　　○ langsam　　○ angemessen　　○ zügig

Zusätzliche Bemerkungen/Tipps:

Datum: _____

1 | Löse die Kernaufgaben aus dem Einmaleins mit 4, 8, 3, 6, 9 und 7.

a) 10 · 3 = ☐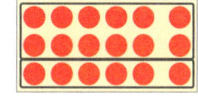

2 · 8 = ☐

5 · 9 = ☐

b) 5 · 3 = ☐

10 · 4 = ☐

2 · 7 = ☐

c) 10 · 6 = ☐

2 · 9 = ☐

5 · 7 = ☐

2 | Rechne mit den Kernaufgaben.

a)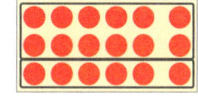

☐ · ☐ = ☐
☐ · ☐ = ☐
3 · 6 = ☐

b)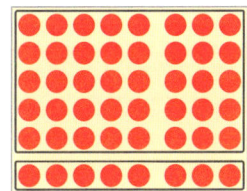

☐ · ☐ = ☐
☐ · ☐ = ☐
6 · 8 = ☐

c)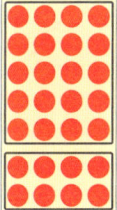

☐ · ☐ = ☐
☐ · ☐ = ☐
7 · 4 = ☐

d)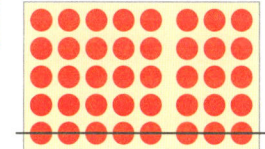

☐ · ☐ = ☐
☐ · ☐ = ☐
4 · 8 = ☐

e)

☐ · ☐ = ☐
☐ · ☐ = ☐
8 · 3 = ☐

f)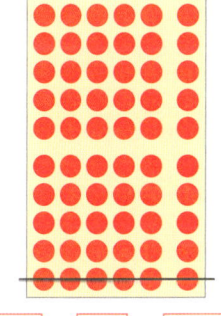

☐ · ☐ = ☐
☐ · ☐ = ☐
9 · 6 = ☐

3 | Bilde die Tauschaufgabe. Löse beide Aufgaben.

a) ☐ · ☐ = ☐

3 · 7 = ☐

b) ☐ · ☐ = ☐

4 · 9 = ☐

c) ☐ · ☐ = ☐

8 · 6 = ☐

d) ☐ · ☐ = ☐

4 · 8 = ☐

e) ☐ · ☐ = ☐

9 · 7 = ☐

f) ☐ · ☐ = ☐

6 · 9 = ☐

Datum: _____

4 Löse die Aufgaben.

a) 3 · 8 = ☐

7 · 9 = ☐

8 · 7 = ☐

b) 4 · 3 = ☐

7 · 6 = ☐

9 · 4 = ☐

c) 3 · 9 = ☐

9 · 8 = ☐

6 · 6 = ☐

5 Löse die Aufgaben.

a) 16 = ☐ · 4

21 = ☐ · 3

81 = ☐ · 9

b) 30 = ☐ · 6

49 = ☐ · 7

12 = ☐ · 4

c) 42 = ☐ · 7

24 = ☐ · 6

8 = ☐ · 8

6 Löse die Aufgaben. Betrachte Aufgaben und Ergebnisse.
Ergänze die Aussagen.

a) 5 · 4 = ☐

5 · 8 = ☐

Das Ergebnis der · 8-Aufgabe ist immer

_____

vom Ergebnis der · 4-Aufgabe.

b) 2 · 6 = ☐

2 · 3 = ☐

Das Ergebnis der · 3-Aufgabe ist immer

_____

vom Ergebnis der · 6-Aufgabe.

7 Finde zu jeder Ergebniszahl drei Malaufgaben.

a) **24**

☐ · ☐ = 24

☐ · ☐ = 24

☐ · ☐ = 24

b) **36**

☐ · ☐ = 36

☐ · ☐ = 36

☐ · ☐ = 36

c) **18**

☐ · ☐ = 18

☐ · ☐ = 18

☐ · ☐ = 18

8 Finde zu den Quadratzahlen die passenden Aufgaben.

a) ☐ · ☐ = 16

d) ☐ · ☐ = 64

b) ☐ · ☐ = 49

e) ☐ · ☐ = 25

c) ☐ · ☐ = 36

f) ☐ · ☐ = 81

Datum: _____

Aufgabe	Kompetenz	sicher	meist	teil-weise	noch nicht	Bemerkungen
1	Kernaufgaben lösen	○	○	○	○	
2	Weitere Malaufgaben lösen					
	durch Zusammensetzen von Kernaufgaben	○	○	○	○	
	durch Abziehen von Kernaufgaben	○	○	○	○	
3	Tauschaufgaben bilden, beide Aufgaben lösen	○	○	○	○	
4	Einmaleinsaufgaben lösen	○	○	○	○	
5	In Einmaleinsaufgaben fehlende Zahlen ergänzen	○	○	○	○	
6	Zusammenhänge zwischen Einmaleinsreihen beschreiben	○	○	○	○	
7	Zu vorgegebenen Ergebniszahlen passende Malaufgaben finden	○	○	○	○	
8	Zu vorgegebenen Quadratzahlen die passenden Malaufgaben finden	○	○	○	○	

So hast du bei diesem Thema im Unterricht gearbeitet:

Arbeitsweise: ○ selbstständig ○ konzentriert ○ genau

Unterstützungsbedarf: ○ häufig ○ gelegentlich ○ nie

Arbeitstempo: ○ langsam ○ angemessen ○ zügig

Zusätzliche Bemerkungen/Tipps:

Datum: _____

1 Teile auf. Zeichne und löse die Aufgaben.

a) Es sind 12 Brötchen.
Immer 4 werden in eine Tüte verpackt.

12 : 4 = ☐ Es sind ☐ Tüten.

b) Es sind 20 Birnen.
Immer 5 werden in eine Tüte verpackt.

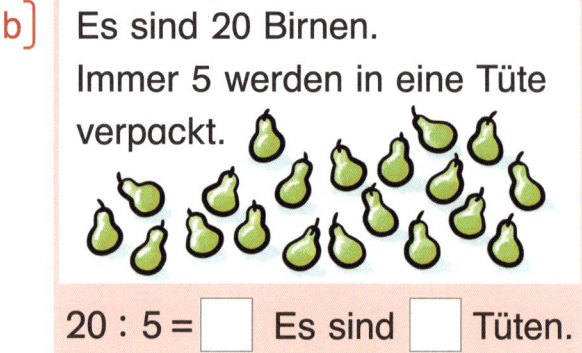

20 : 5 = ☐ Es sind ☐ Tüten.

2 Verteile. Zeichne und löse die Aufgaben.

a) 14 Törtchen werden auf
2 Teller verteilt.

14 : 2 = ☐ Auf jedem Teller
sind ☐ Törtchen.

b) 15 Kekse werden auf
3 Teller verteilt.

15 : 3 = ☐ Auf jedem Teller
sind ☐ Kekse.

3 Schreibe zu jedem Bild eine passende Geteiltaufgabe.

a)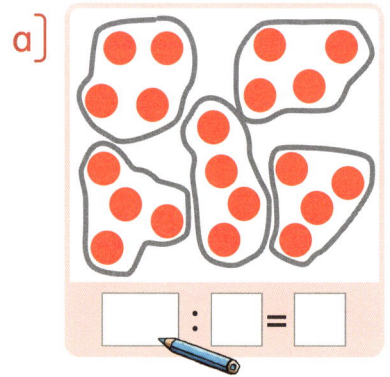

☐ : ☐ = ☐

b)

☐ : ☐ = ☐

c)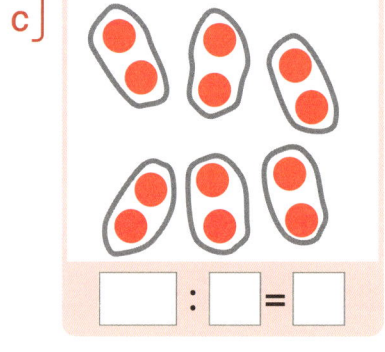

☐ : ☐ = ☐

4 Zeichne die Bilder fertig und löse die Aufgaben.

a)

15 : 5 = ☐

b)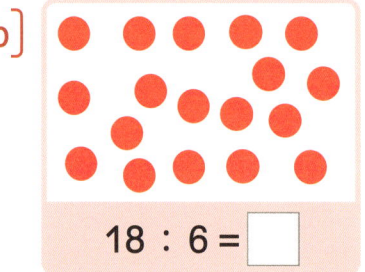

18 : 6 = ☐

c)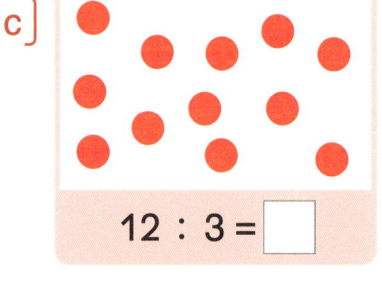

12 : 3 = ☐

Datum: _____

5 Schreibe zu jedem Bild eine Geteiltaufgabe und eine Malaufgabe.

a)

☐ : ☐ = ☐

☐ · ☐ = ☐

b)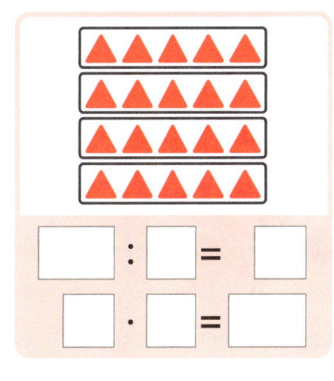

☐ : ☐ = ☐

☐ · ☐ = ☐

c)

☐ : ☐ = ☐

☐ · ☐ = ☐

6 Löse die Geteiltaufgaben. Kontrolliere mit der Umkehraufgabe.

a) $30 : 5 = \boxed{}$, denn _____

b) $70 : 10 = \boxed{}$, denn _____

c) $8 : 1 = \boxed{}$, denn _____

7 Löse die Aufgaben.

a) $36 : 4 = \boxed{}$

$18 : 2 = \boxed{}$

$42 : 7 = \boxed{}$

b) $72 : \boxed{} = 8$

$20 : \boxed{} = 5$

$80 : \boxed{} = 10$

c) $\boxed{} : 3 = 5$

$\boxed{} : 5 = 7$

$\boxed{} : 7 = 8$

8 Kontrolliere die Aufgaben. Korrigiere falsche Ergebnisse.

a) $21 : 3 = 7$ ___

$45 : 9 = 8$ ___

$54 : 6 = 9$ ___

b) $18 : 6 = 5$ ___

$24 : 4 = 6$ ___

$28 : 7 = 5$ ___

c) $72 : 8 = 9$ ___

$56 : 7 = 8$ ___

$35 : 5 = 6$ ___

9 Bilde Aufgabenfamilien. Nutze Tauschaufgaben und Umkehraufgaben.

a)

5 ☐ 7

☐ · ☐ = ☐

☐ · ☐ = ☐

☐ : ☐ = ☐

☐ : ☐ = ☐

b)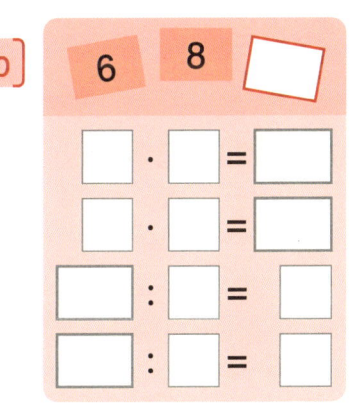

6 8 ☐

☐ · ☐ = ☐

☐ · ☐ = ☐

☐ : ☐ = ☐

☐ : ☐ = ☐

c)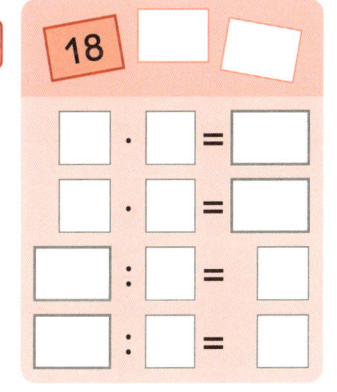

18 ☐ ☐

☐ · ☐ = ☐

☐ · ☐ = ☐

☐ : ☐ = ☐

☐ : ☐ = ☐

Datum: _____

10 Schreibe zu jedem Bild die passende Geteiltaufgabe.

a)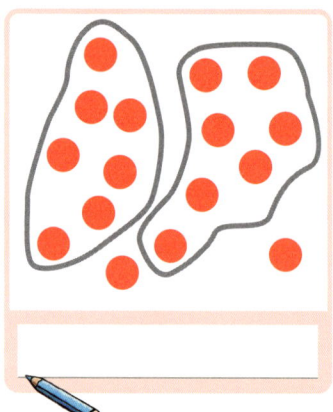

b)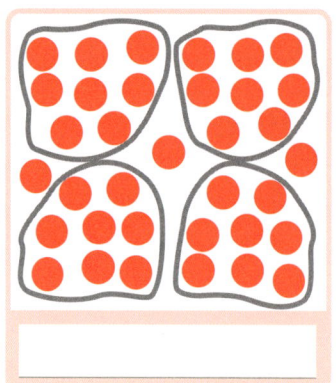

c)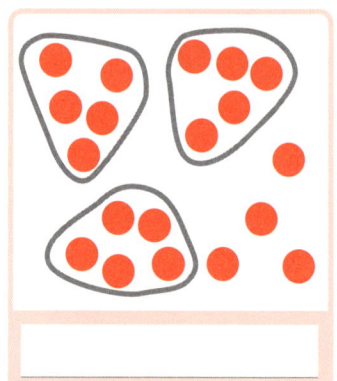

11 Zeichne die Bilder fertig und löse die Aufgaben.

a)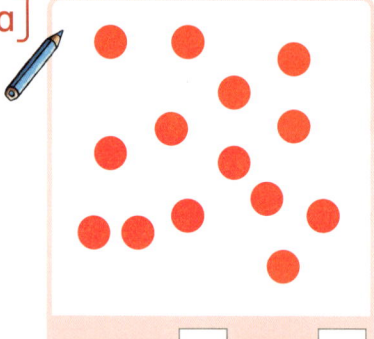

14 : 4 = ☐ Rest ☐

b)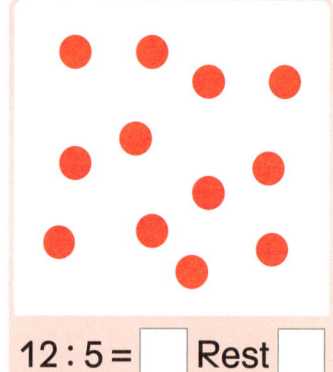

12 : 5 = ☐ Rest ☐

c)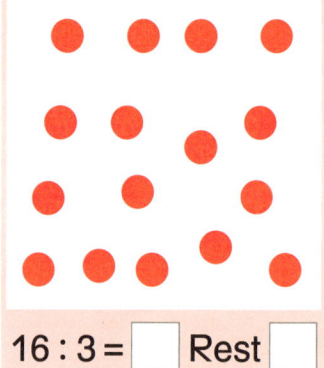

16 : 3 = ☐ Rest ☐

12 Löse immer zuerst die obere Aufgabe.
Trage die Ergebnisse ein.

a) 20 : 5 = ☐

22 : 5 = ☐ Rest ☐

b) 27 : 3 = ☐

29 : 3 = ☐ Rest ☐

c) 56 : 7 = ☐

60 : 7 = ☐ Rest ☐

d) 45 : 9 = ☐

49 : 9 = ☐ Rest ☐

13 Rechne und kontrolliere mit der Malaufgabe.

a) 37 : 5 = ☐ Rest ☐ , denn _____

b) 44 : 6 = ☐ Rest ☐ , denn _____

c) 17 : 3 = ☐ Rest ☐ , denn _____

Datum: _____

Aufgabe	Kompetenz		sicher	meist	teil-weise	noch nicht	Bemerkungen
1	Zu vorgegebenen Sachsituationen zum Aufteilen						
		Rechenbilder ergänzen	○	○	○	○	
		Geteiltaufgaben lösen	○	○	○	○	
2	Zu vorgegebenen Sachsituationen zum Verteilen						
		Rechenbilder ergänzen	○	○	○	○	
		Geteiltaufgaben lösen	○	○	○	○	
3	Punktebilder in passende Geteiltaufgaben übertragen		○	○	○	○	
4	Zu Geteiltaufgaben Rechenbilder ergänzen Geteiltaufgaben lösen		○	○	○	○	
			○	○	○	○	
5	Zu Punktebildern jeweils die passende						
		Geteiltaufgabe finden	○	○	○	○	
		Malaufgabe finden	○	○	○	○	
6	Geteiltaufgaben lösen und mit der zugehörigen Malaufgabe kontrollieren		○	○	○	○	
7	Geteiltaufgaben lösen		○	○	○	○	
8	Geteiltaufgaben mithilfe der Malaufgabe kontrollieren, Fehler finden und korrigieren		○	○	○	○	
9	Aufgabenfamilien bilden und lösen		○	○	○	○	
10	Punktebilder in Geteiltaufgaben mit Rest übertragen		○	○	○	○	
11	Zu Geteiltaufgaben mit Rest Rechenbilder ergänzen		○	○	○	○	
	Geteiltaufgaben mit Rest lösen		○	○	○	○	
12	Geteiltaufgaben ohne und mit Rest lösen		○	○	○	○	
13	Geteiltaufgaben mit Rest lösen und mit der Umkehraufgabe kontrollieren		○	○	○	○	

So hast du bei diesem Thema im Unterricht gearbeitet:

Arbeitsweise: ○ selbstständig ○ konzentriert ○ genau

Unterstützungsbedarf: ○ häufig ○ gelegentlich ○ nie

Arbeitstempo: ○ langsam ○ angemessen ○ zügig

Zusätzliche Bemerkungen/Tipps:

Datum: _____

1 Verbinde passend. Löse die Aufgaben und ergänze die Antwortsätze.

Lisa baut aus 20 Steckwürfeln Fünfertürme.

Tim hat 23 Sammelbilder.
7 davon verschenkt er.

Beim Sportunterricht werden aus 24 Kindern 3 Gruppen gebildet.

Auf dem Backblech liegen Muffins in 3 Reihen.
In jeder liegen 4 Muffins.

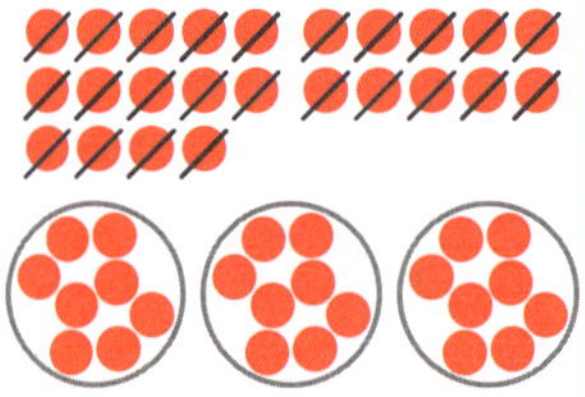

☐ ○ ☐ = ☐

☐ ○ ☐ = ☐

☐ ○ ☐ = ☐

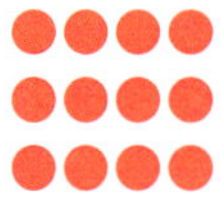

☐ ○ ☐ = ☐

Es sind ☐ Steckwürfeltürme.

In jeder Gruppe sind ☐ Kinder.

Auf dem Backblech liegen ☐ Muffins.

Er hat noch ☐ Sammelbilder.

😊 😐 ☹

2 Zeichne passende Punktebilder. Schreibe Rechnung und Antwortsatz.

a Paul legt Kekse aufs Backblech. Er legt 4 Reihen.
In jeder Reihe liegen 6 Kekse.

☐ ○ ☐ = ☐

b In der Klasse sind 24 Kinder.
Sie sitzen an Sechsertischen.

☐ ○ ☐ = ☐

Datum: _____

3 Zeichne zu jeder Aufgabe eine Skizze (S).
Schreibe die Rechnung (R) und einen Antwortsatz (A) auf.

a Auf der Wiese stehen Kühe. Patrick zählt 32 Beine.

F: Wie viele Kühe sind auf der Wiese?

S:

R:

A:

b Auf der Wiese sind Gänse und Schafe.
Maja zählt 32 Beine und 12 Ohren.

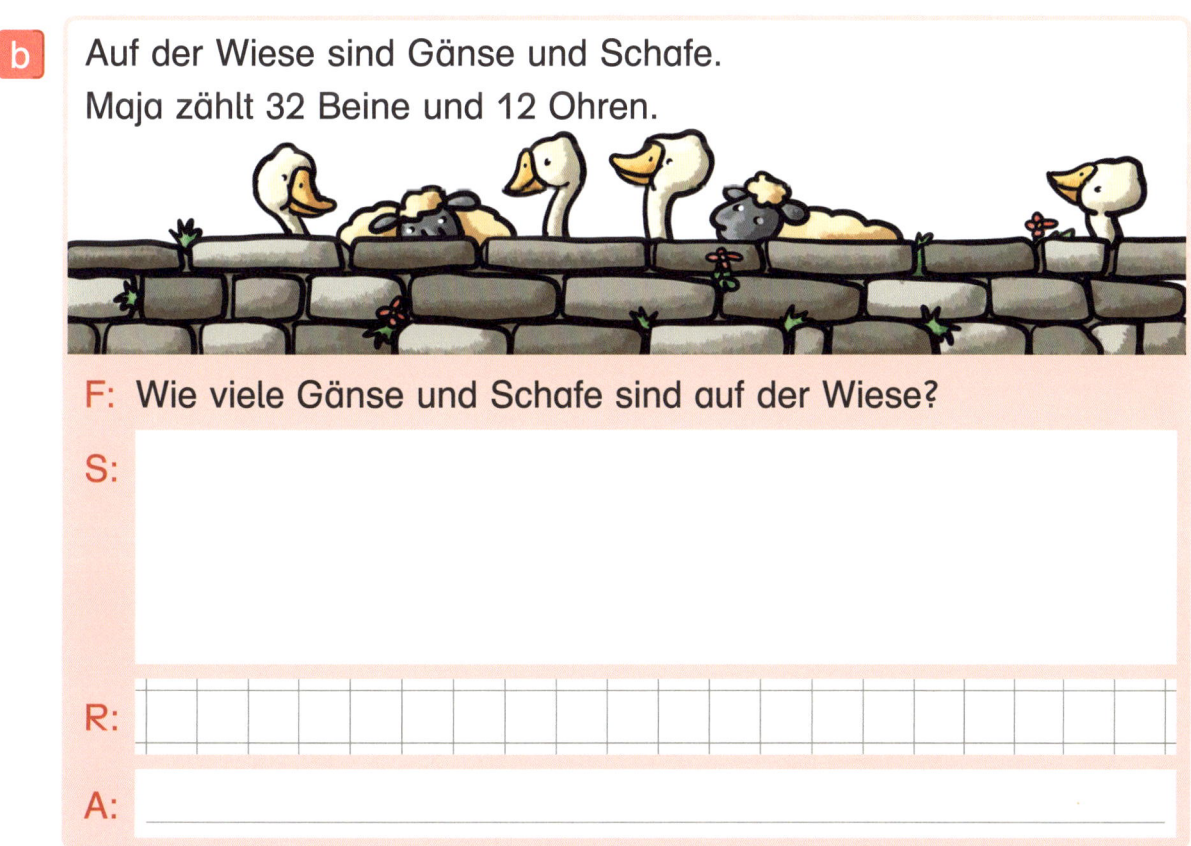

F: Wie viele Gänse und Schafe sind auf der Wiese?

S:

R:

A:

Datum: _____

Aufgabe	Kompetenz	sicher	meist	teil-weise	noch nicht	Bemerkungen
1	Sachsituationen Punktebilder mit Aufgaben und Antwortsätze zuordnen					
	Aufgaben lösen Antwortsätze ergänzen	○ ○	○ ○	○ ○	○ ○	
2	Zu Sachsituationen passende Punktebilder zeichnen, diese in Rechnungen übertragen, Antwortsätze formulieren	○ ○ ○	○ ○ ○	○ ○ ○	○ ○ ○	
3 a b	Zu Sachsituationen passende Skizzen zeichnen, diese in Rechnungen übertragen, Antwortsätze formulieren	○ ○ ○	○ ○ ○	○ ○ ○	○ ○ ○	

So hast du bei diesem Thema im Unterricht gearbeitet:

Arbeitsweise: ○ selbstständig ○ konzentriert ○ genau

Unterstützungsbedarf: ○ häufig ○ gelegentlich ○ nie

Arbeitstempo: ○ langsam ○ angemessen ○ zügig

Zusätzliche Bemerkungen/Tipps:

Datum: _____

1 Berechne das Doppelte und die Hälfte.

a) das Doppelte von 8
☐ ○ ☐ = ☐

b) die Hälfte von 12
☐ ○ ☐ = ☐

c) das Doppelte von 5
☐ ○ ☐ = ☐

d) die Hälfte von 18
☐ ○ ☐ = ☐

e) das Doppelte von 7
☐ ○ ☐ = ☐

f) die Hälfte von 8
☐ ○ ☐ = ☐

2 Versuche, die Zahlen in zwei gleiche Teile zu zerlegen.
Schreibe die Zahlen auf. Kreuze die passende Aussage an.

a)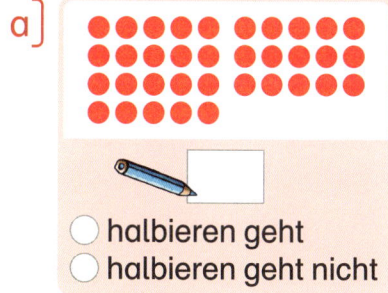
☐
○ halbieren geht
○ halbieren geht nicht

b)
☐
○ halbieren geht
○ halbieren geht nicht

c)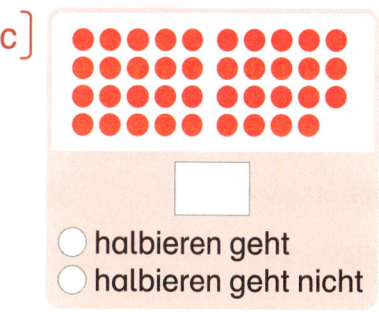
☐
○ halbieren geht
○ halbieren geht nicht

3 Erkenne gerade und ungerade Zahlen.

a) Umkreise alle geraden Zahlen.

| 33 | 52 | 86 |
| 74 | 45 | 97 |

| 61 | 93 | 28 |
| 54 | 79 | 60 |

b) Umkreise alle ungeraden Zahlen.

| 13 | 74 | 47 |
| 36 | 81 | 18 |

| 12 | 27 | 33 |
| 21 | 44 | 86 |

4 Schreibe …

a) … alle geraden Zahlen zwischen 60 und 80 auf.

_____

b) … alle ungeraden Zahlen aus dem Einmaleins mit 5 auf.

_____

Datum: _____

Aufgabe	Kompetenz	sicher	meist	teil-weise	noch nicht	Bemerkungen
1	Verdopplungs- und Halbierungsaufgaben bilden und lösen	○	○	○	○	
2	Bei bildlich dargestellten Zahlen bestimmen, ob diese halbiert werden können	○	○	○	○	
3	Gerade und ungerade Zahlen erkennen					
	gerade Zahlen	○	○	○	○	
	ungerade Zahlen	○	○	○	○	
4	Zu vorgegebenen Zahlauswahlen gerade bzw. ungerade Zahlen finden					
	gerade Zahlen	○	○	○	○	
	ungerade Zahlen	○	○	○	○	

So hast du bei diesem Thema im Unterricht gearbeitet:

Arbeitsweise: ○ selbstständig ○ konzentriert ○ genau

Unterstützungsbedarf: ○ häufig ○ gelegentlich ○ nie

Arbeitstempo: ○ langsam ○ angemessen ○ zügig

Zusätzliche Bemerkungen/Tipps:

Datum: _____

1 Löse die Aufgaben.

a) 35 + 40 = ☐   b) 20 + 37 = ☐   c) 56 + 30 = ☐

42 + 50 = ☐   70 + 23 = ☐   40 + 27 = ☐

2 Ergänze passende Zahlen.

a) 39 + ☐ = 89   b) ☐ + 27 = 67   c) 18 + ☐ = 78

48 + ☐ = 98   ☐ + 43 = 83   ☐ + 64 = 94

3 Ergänze passende Zehnerzahlen.
Finde jeweils zwei verschiedene Möglichkeiten.

a) 27 + ☐ + ☐ + ☐ = 87   b) 32 + ☐ + ☐ + ☐ = 92

27 + ☐ + ☐ + ☐ = 87   32 + ☐ + ☐ + ☐ = 92

4 Übertrage die Rechenbilder in passende Aufgaben.
Schreibe deine Rechenschritte auf.

a) 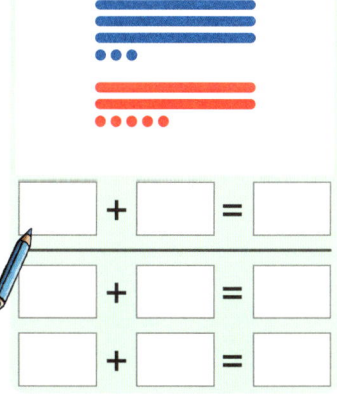   b) 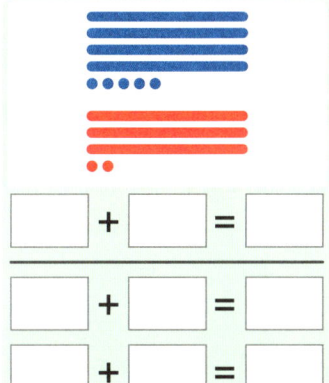   c)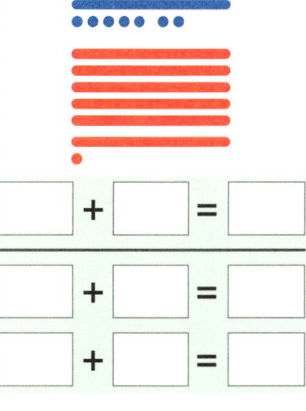

☐ + ☐ = ☐   ☐ + ☐ = ☐   ☐ + ☐ = ☐

☐ + ☐ = ☐   ☐ + ☐ = ☐   ☐ + ☐ = ☐

☐ + ☐ = ☐   ☐ + ☐ = ☐   ☐ + ☐ = ☐

5 Löse die Aufgaben. Stelle deine Rechenschritte am Rechenstrich dar.

a) 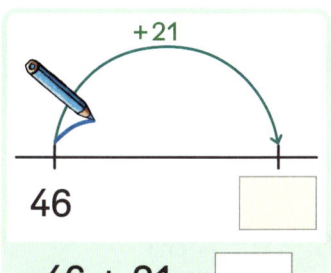   b) 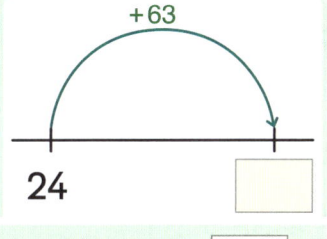   c)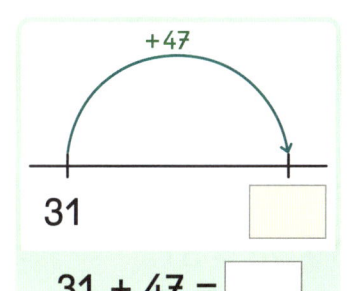

46 + 21 = ☐   24 + 63 = ☐   31 + 47 = ☐

Datum: _____

6 Löse die Aufgaben. Schreibe deine Rechenschritte auf.

a] 21 + 37 = ☐

☐ + ☐ = ☐

☐ + ☐ = ☐

b] 43 + 25 = ☐

☐ + ☐ = ☐

☐ + ☐ = ☐

c] 65 + 34 = ☐

☐ + ☐ = ☐

☐ + ☐ = ☐

7 Löse die Aufgaben. Rechne deine Rechenschritte im Kopf.

a] 25 + 34 = ☐

54 + 32 = ☐

b] 43 + 51 = ☐

61 + 25 = ☐

c] 23 + 36 = ☐

36 + 63 = ☐

8 Löse die Aufgaben. Stelle deine Rechenschritte am Rechenstrich dar.

a]

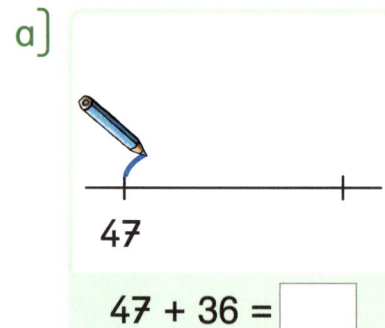

47

47 + 36 = ☐

b]

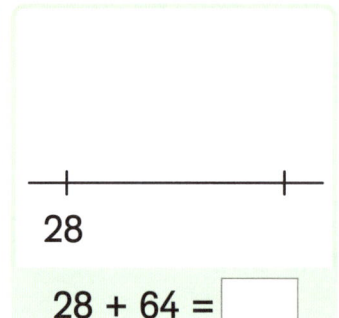

28

28 + 64 = ☐

c]

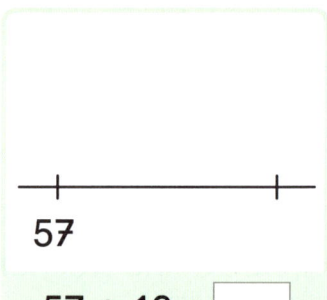

57

57 + 19 = ☐

9 Löse die Aufgaben. Schreibe deine Rechenschritte auf.

a] 35 + 29 = ☐

☐ + ☐ = ☐

☐ + ☐ = ☐

b] 18 + 53 = ☐

☐ + ☐ = ☐

☐ + ☐ = ☐

c] 25 + 48 = ☐

☐ + ☐ = ☐

☐ + ☐ = ☐

10 Löse die Aufgaben. Rechne deine Rechenschritte im Kopf.

a] 25 + 48 = ☐

37 + 34 = ☐

b] 33 + 58 = ☐

47 + 29 = ☐

c] 73 + 19 = ☐

28 + 46 = ☐

11 Kreuze alle Aufgaben mit falschem Ergebnis an.

a] 23 + 28 = 51 ◯

56 + 19 = 74 ◯

b] 33 + 38 = 61 ◯

47 + 26 = 73 ◯

c] 18 + 67 = 85 ◯

28 + 48 = 86 ◯

Datum: _____

 13

Aufgabe	Kompetenz	sicher	meist	teil-weise	noch nicht	Bemerkungen
1	Plusaufgaben mit Zehnerzahlen lösen	○	○	○	○	
2	Zehnerzahlen bei Plusaufgaben ergänzen	○	○	○	○	
3	Zehnerzahlen bei Plusaufgaben mit mehreren Summanden ergänzen – dabei verschiedene Lösungen finden	○	○	○	○	
4	Bildlich dargestellte Plusaufgaben lösen, Rechenschritte notieren	○	○	○	○	
5	Rechenschritte am Rechenstrich darstellen, Plusaufgaben lösen	○○	○○	○○	○○	
6	Plusaufgaben lösen, Rechenschritte notieren	○	○	○	○	
7	Plusaufgaben in Schritten im Kopf lösen	○	○	○	○	
8	Rechenschritte am Rechenstrich darstellen, Plusaufgaben mit Zehnerüberschreitung lösen	○○	○○	○○	○○	
9	Plusaufgaben mit Zehnerüberschreitung lösen, Rechenschritte notieren	○	○	○	○	
10	Plusaufgaben mit Zehnerüberschreitung in Schritten im Kopf lösen	○	○	○	○	
11	Plusaufgaben mit Zehnerüberschreitung kontrollieren und falsche Ergebnisse kennzeichnen	○	○	○	○	

So hast du bei diesem Thema im Unterricht gearbeitet:

Arbeitsweise: ○ selbstständig ○ konzentriert ○ genau

Unterstützungsbedarf: ○ häufig ○ gelegentlich ○ nie

Arbeitstempo: ○ langsam ○ angemessen ○ zügig

Zusätzliche Bemerkungen/Tipps:

Datum: _____

1 Löse die Aufgaben.

a) 87 − 30 = ☐   b) 98 − 50 = ☐   c) 47 − 30 = ☐

74 − 40 = ☐   53 − 20 = ☐   63 − 40 = ☐

2 Ergänze passende Zahlen.

a) 47 − ☐ = 17   b) ☐ − 20 = 68   c) 68 − ☐ = 38

72 − ☐ = 32   ☐ − 40 = 23   ☐ − 30 = 42

3 Ergänze passende Zehnerzahlen.
Finde jeweils zwei verschiedene Möglichkeiten.

a) 82 − ☐ − ☐ − ☐ = 12   b) 78 − ☐ − ☐ − ☐ = 28

82 − ☐ − ☐ − ☐ = 12   78 − ☐ − ☐ − ☐ = 28

4 Übertrage die Rechenbilder in passende Aufgaben.
Schreibe deine Rechenschritte auf.

a) 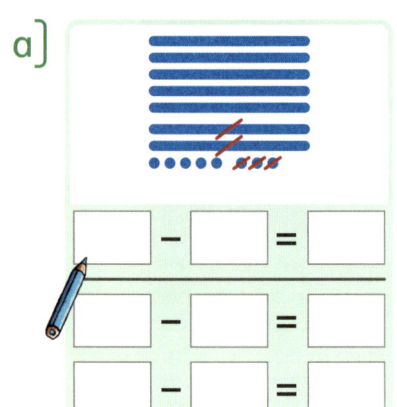   b) 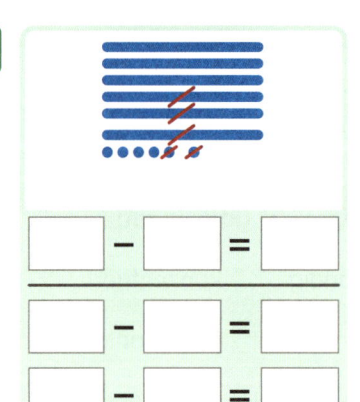   c)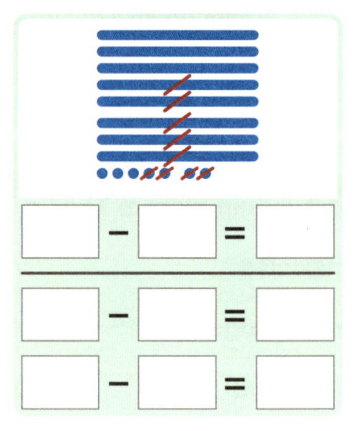

☐ − ☐ = ☐   ☐ − ☐ = ☐   ☐ − ☐ = ☐

☐ − ☐ = ☐   ☐ − ☐ = ☐   ☐ − ☐ = ☐

☐ − ☐ = ☐   ☐ − ☐ = ☐   ☐ − ☐ = ☐

5 Löse die Aufgaben. Stelle deine Rechenschritte am Rechenstrich dar.

a)   b) 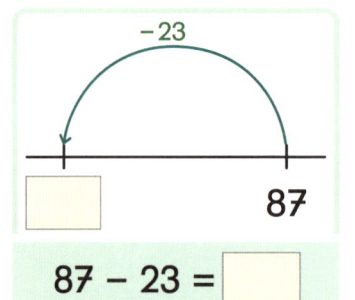   c)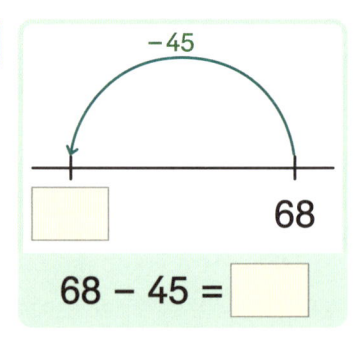

−32 ... 44

44 − 32 = ☐   87 − 23 = ☐   68 − 45 = ☐

Datum: _____

6 Löse die Aufgaben. Schreibe deine Rechenschritte auf.

a) 87 − 54 = ☐

☐ − ☐ = ☐

☐ − ☐ = ☐

b) 96 − 32 = ☐

☐ − ☐ = ☐

☐ − ☐ = ☐

c) 65 − 24 = ☐

☐ − ☐ = ☐

☐ − ☐ = ☐

7 Löse die Aufgaben. Rechne deine Rechenschritte im Kopf.

a) 56 − 23 = ☐

78 − 34 = ☐

b) 97 − 52 = ☐

88 − 46 = ☐

c) 69 − 17 = ☐

76 − 54 = ☐

8 Löse die Aufgaben. Stelle deine Rechenschritte am Rechenstrich dar.

a)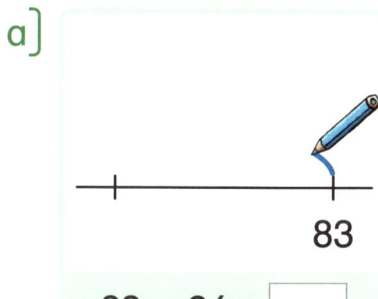

83 − 24 = ☐

b)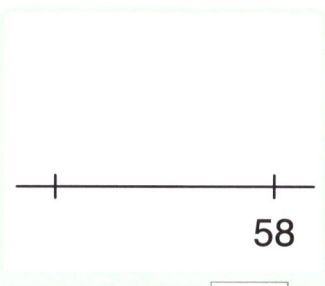

58 − 39 = ☐

c)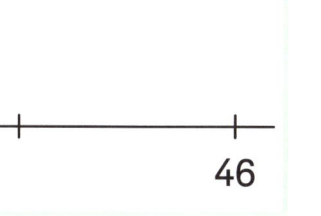

46 − 18 = ☐

9 Löse die Aufgaben. Schreibe deine Rechenschritte auf.

a) 93 − 47 = ☐

☐ − ☐ = ☐

☐ − ☐ = ☐

b) 65 − 36 = ☐

☐ − ☐ = ☐

☐ − ☐ = ☐

c) 76 − 29 = ☐

☐ − ☐ = ☐

☐ − ☐ = ☐

10 Löse die Aufgaben. Rechne deine Rechenschritte im Kopf.

a) 45 − 28 = ☐

87 − 39 = ☐

b) 71 − 44 = ☐

56 − 19 = ☐

c) 84 − 46 = ☐

62 − 24 = ☐

11 Kreuze alle Aufgaben mit falschem Ergebnis an.

a) 78 − 29 = 49 ○

64 − 37 = 37 ○

b) 83 − 57 = 26 ○

62 − 26 = 46 ○

c) 61 − 43 = 28 ○

85 − 36 = 49 ○

Datum: _____

Aufgabe	Kompetenz	sicher	meist	teil-weise	noch nicht	Bemerkungen
1	Minusaufgaben mit Zehnerzahlen lösen	○	○	○	○	
2	Passende Zahlen bei Minusaufgaben mit Zehnerzahlen ergänzen	○	○	○	○	
3	Zehnerzahlen bei Minusaufgaben mit mehreren Summanden ergänzen – dabei verschiedene Lösungen finden	○	○	○	○	
4	Bildlich dargestellte Minusaufgaben lösen, Rechenschritte notieren	○	○	○	○	
5	Rechenschritte am Rechenstrich darstellen, Minusaufgaben lösen	○ ○	○ ○	○ ○	○ ○	
6	Minusaufgaben lösen, Rechenschritte notieren	○	○	○	○	
7	Minusaufgaben in Schritten im Kopf lösen	○	○	○	○	
8	Rechenschritte am Rechenstrich darstellen, Minusaufgaben mit Zehnerüberschreitung lösen	○ ○	○ ○	○ ○	○ ○	
9	Minusaufgaben mit Zehnerüberschreitung lösen, Rechenschritte notieren	○	○	○	○	
10	Minusaufgaben mit Zehnerüberschreitung in Schritten im Kopf lösen	○	○	○	○	
11	Minusaufgaben mit Zehnerüberschreitung kontrollieren und falsche Ergebnisse kennzeichnen	○	○	○	○	

So hast du bei diesem Thema im Unterricht gearbeitet:

Arbeitsweise: ○ selbstständig   ○ konzentriert   ○ genau

Unterstützungsbedarf: ○ häufig   ○ gelegentlich   ○ nie

Arbeitstempo: ○ langsam   ○ angemessen   ○ zügig

Zusätzliche Bemerkungen/Tipps:

Datum: _____

1 Miss die Längen der Strecken mit dem Lineal und schreibe sie auf.

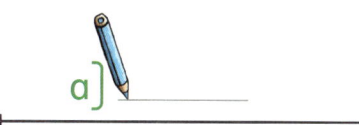 a] _____   b] _____   c] _____

2 Zeichne Strecken mit den folgenden Längen.

a] 3 cm

b] 7 cm

c] 12 cm

3 Bestimme die Längen der Figuren.
Miss die Längen aller Teilstrecken
und berechne jeweils die Gesamtlänge.

Figur	gemessen und gerechnet
A	
B	
C	

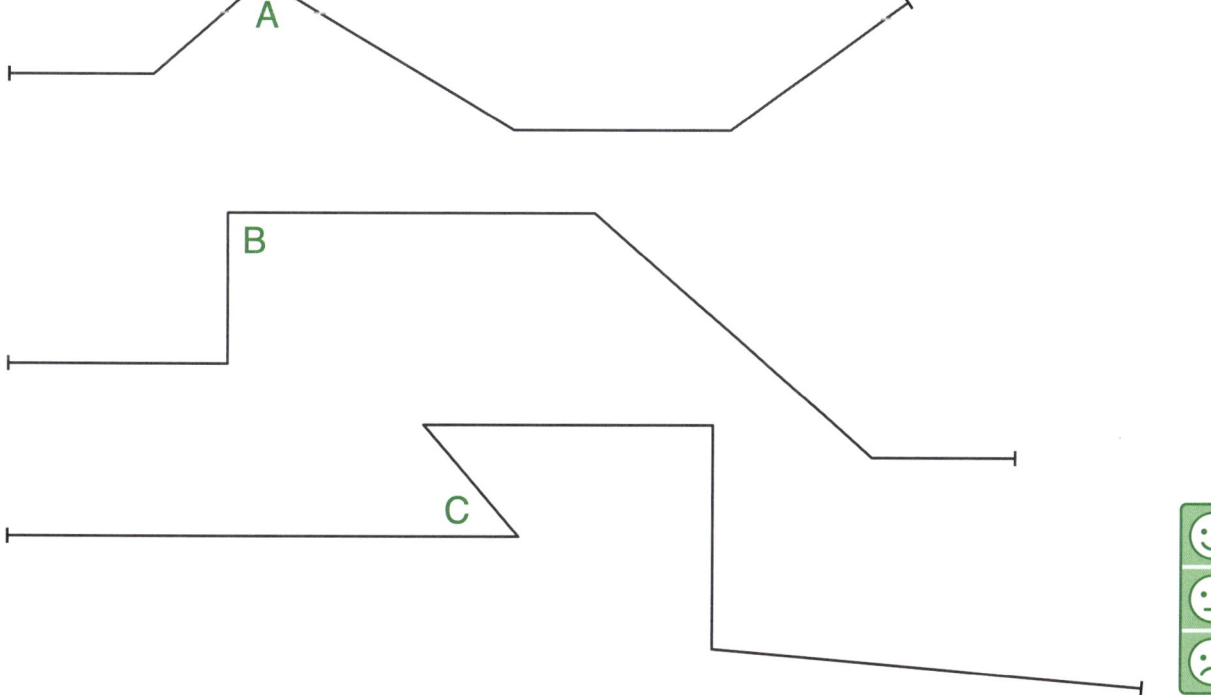

4 Schreibe jeweils mindestens zwei Gegenstände auf,
die ungefähr folgende Längen haben.

a) 10 cm _____

b) 1 m _____

5 Ordne die Längenangaben zu. Verbinde.

| 1 cm | 4 m | 8 cm | 100 m |

6 Ordne die Längenangaben.

a) Beginne mit der größten Länge.   b) Beginne mit der kleinsten Länge.

| 85 cm | 1 m | 1 m 83 cm |

| 1 m 50 cm | 98 cm | 1 m 5 cm |

7 Löse die Aufgaben.

a) 25 cm + 51 cm = ☐ cm   b) 78 cm − 34 cm = ☐ cm

57 cm + 28 cm = ☐ cm   62 cm − 18 cm = ☐ cm

46 cm + 49 cm = ☐ cm   100 cm − 58 cm = ☐ cm

8 Schreibe die Rechnungen auf und ergänze die Antworten.

Tim wirft beim
1. Wurf 15 m weit.
Beim 2. Wurf sind
es 2 m weniger.
Beim 3. Wurf sind
es 4 m mehr als
beim ersten Wurf.

R: _____

A: Der 2. Wurf war ☐ weit.

R: _____

A: Der 3. Wurf war ☐ weit.

Aufgabe	Kompetenz	sicher	meist	teil-weise	noch nicht	Bemerkungen
1	Die Längen vorgegebener Strecken messen und notieren	○	○	○	○	
2	Strecken in vorgegebenen Längen zeichnen	○	○	○	○	
3	Die Längen von zusammengesetzten Strecken bestimmen	○	○	○	○	
4	Zu vorgegebenen Längenangaben Repräsentanten nennen	○	○	○	○	
5	Längenangaben in „m" und „cm" passend zuordnen	○	○	○	○	
6	Längenangaben in unterschiedlichen Einheiten der Größe nach ordnen	○	○	○	○	
7	Rechenaufgaben mit Längenangaben lösen					
	Plusaufgaben	○	○	○	○	
	Minusaufgaben	○	○	○	○	
8	In Textform beschriebene Weitwurf-ergebnisse in Rechenaufgaben übertragen und Antwortsätze ergänzen	○	○	○	○	

So hast du bei diesem Thema im Unterricht gearbeitet:

Arbeitsweise: ○ selbstständig ○ konzentriert ○ genau

Unterstützungsbedarf: ○ häufig ○ gelegentlich ○ nie

Arbeitstempo: ○ langsam ○ angemessen ○ zügig

Zusätzliche Bemerkungen/Tipps:

Datum: _____

1. Lies Aufgabe und Umkehraufgabe ab und löse sie.

a]
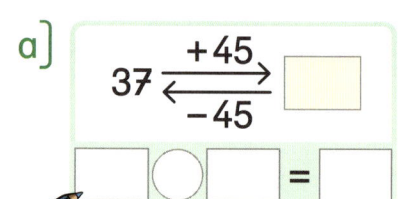

| | ◯ | | = | |
| | ◯ | | = | |

b]
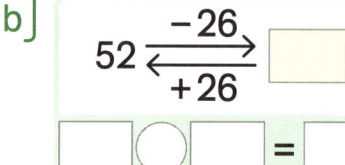

| | ◯ | | = | |
| | ◯ | | = | |

c]
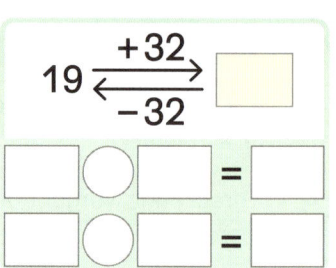

| | ◯ | | = | |
| | ◯ | | = | |

2. Löse die Aufgaben. Kontrolliere die Ergebnisse mit der Umkehraufgabe.

a] 48 + 36 = [ ] , denn _____

57 + 25 = [ ] , denn _____

b] 64 − 28 = [ ] , denn _____

82 − 65 = [ ] , denn _____

3. Runde die Zahlen.

a] 39 ⟶ [ ]   b] 52 ⟶ [ ]   c] 75 ⟶ [ ]

4. Runde die Zahlen und schreibe die Überschlagsrechnung auf.

a] 19 + 23 = 42
[ ] + [ ] = [ ]

b] 76 − 48 = 28
[ ] − [ ] = [ ]

c] 32 + 48 = 80
[ ] + [ ] = [ ]

5. Finde zu 3 Zahlen 2 Plusaufgaben und 2 Minusaufgaben. Schreibe sie auf.

a]

39 63 24

[ ] + [ ] = [ ]
[ ] + [ ] = [ ]
[ ] − [ ] = [ ]
[ ] − [ ] = [ ]

b]

72 56 16

[ ] + [ ] = [ ]
[ ] + [ ] = [ ]
[ ] − [ ] = [ ]
[ ] − [ ] = [ ]

c]

18 36 54

[ ] + [ ] = [ ]
[ ] + [ ] = [ ]
[ ] − [ ] = [ ]
[ ] − [ ] = [ ]

Datum: _____

6 Ergänze die Zahlenmauern.

a)

b)

c)

7 Löse die Aufgabenreihen. Setze die Reihen fort.

a) $17 + 25 =$ ☐   b) $82 - 26 =$ ☐   c) $58 + 25 =$ ☐

$17 + 26 =$ ☐ $82 - 36 =$ ☐ $57 + 26 =$ ☐

$17 + 27 =$ ☐ $82 - 46 =$ ☐ $56 + 27 =$ ☐

☐ $+$ ☐ $=$ ☐   ☐ $-$ ☐ $=$ ☐   ☐ $+$ ☐ $=$ ☐

☐ $+$ ☐ $=$ ☐   ☐ $-$ ☐ $=$ ☐   ☐ $+$ ☐ $=$ ☐

8 Vereinfache die Rechnung. Markiere die Zahlen, die du zusammen-fassen kannst. Schreibe die vereinfachte Rechnung auf.

a) $46 + 25 + 24 =$ ☐ _____

$17 + 43 + 21 =$ ☐ _____

b) $68 - 34 - 28 =$ ☐ _____

$94 - 44 - 23 =$ ☐ _____

9 Löse die Aufgaben. Setze $<$, $>$ oder $=$ passend ein.

a) $25 + 47 \bigcirc 68$ b) $74 - 28 \bigcirc 62$ c) $27 + 58 \bigcirc 31 + 47$

$28 + 64 \bigcirc 98$ $82 - 35 \bigcirc 47$ $45 - 28 \bigcirc 54 - 25$

10 Löse die Aufgaben. Trage passende Zahlen ein.

a) $75 + 18 >$ ☐   b) $51 - 24 <$ ☐   c) $47 + 26 > 37 +$ ☐

$37 + 46 <$ ☐ $73 - 36 >$ ☐ $82 - 45 <$ ☐ $- 35$

Datum: _____

Aufgabe	Kompetenz	sicher	meist	teil-weise	noch nicht	Bemerkungen
1	Umkehraufgaben ablesen und lösen	○	○	○	○	
2	Aufgaben lösen und mithilfe der Umkehraufgabe kontrollieren	○	○	○	○	
3	Zahlen runden	○	○	○	○	
4	Überschlagsrechnungen erstellen	○	○	○	○	
5	Aufgabenfamilien bilden und lösen	○	○	○	○	
6	Zahlenmauern ergänzen	○	○	○	○	
7	Aufgaben in Aufgabenreihen lösen, Aufgabenreihen fortsetzen	○ ○	○ ○	○ ○	○ ○	
8	Kettenaufgaben durch Zusammenfassen vereinfachen und lösen	○	○	○	○	
9 a] b] c]	Plus- und Minusaufgaben lösen – Relationszeichen ergänzen	○	○	○	○	
10 a] b] c]	In Ungleichungen mit Plus- und Minus-aufgaben passende Zahlen ergänzen	○	○	○	○	

So hast du bei diesem Thema im Unterricht gearbeitet:

Arbeitsweise: ○ selbstständig ○ konzentriert ○ genau

Unterstützungsbedarf: ○ häufig ○ gelegentlich ○ nie

Arbeitstempo: ○ langsam ○ angemessen ○ zügig

Zusätzliche Bemerkungen/Tipps:

Datum: _____

1 Ordne passend zu.

a)

bekommen		verschenken
	+	
kaputtgehen		gewinnen
	–	
dazulegen		verlieren

b)

Tom verteilt 20 Spielkarten an 4 Kinder.		Im Sportunterricht werden aus 24 Kindern 3 Gruppen gebildet.
Lisa klebt immer 4 Tierpostkarten auf ein Blatt Papier. Sie hat 7 Blätter.	**·**	Auf einem Parkplatz parken Autos in 5 Reihen. In jeder Reihe stehen 7 Autos.
Die Mutter kauft 18 Lose und verteilt sie an ihre 3 Kinder.	**:**	Der Vater bringt 4 Teller mit Muffins. Auf jedem Teller sind 4 Muffins.

2 Ordne den Rechengeschichten ⊕, ⊖, ⊙ oder ⊙ zu.
Finde passende Aufgaben.

a) Im Sportunterricht werden aus 18 Kindern
2 gleich große Mannschaften gebildet.

b) Tim hat 32 Murmeln. Von seiner Schwester
bekommt er noch 8 Murmeln geschenkt.

c) Paul holt Getränke aus dem Keller.
Er geht insgesamt 4-mal und bringt
immer 2 Flaschen mit.

d) Lisa bekommt von ihrer Oma 10 Euro
geschenkt. Eine Woche später hat sie
bereits 7 Euro ausgegeben.

Datum: _____

3 Ordne Rechengeschichte, Rechnung und Antwort passend zu.
Löse die Rechenaufgaben und ergänze die Antwortsätze.

An 4 Tischen sitzen jeweils 6 Kinder.

24 + 6 = ☐

An den Tischen sitzen insgesamt ☐ Kinder.

In der Getränkekiste waren 24 Flaschen. 6 davon sind bereits verkauft.

4 · 6 = ☐

Jetzt möchten ☐ Kinder mitmachen.

24 Kinder möchten beim Dosenwerfen mitmachen. 6 Kinder kommen noch dazu.

24 − 6 = ☐

In jeder Gruppe sind ☐ Kinder.

Beim Staffellauf möchten 24 Kinder mitmachen. Sie bilden 6 Gruppen.

24 : 6 = ☐

Jetzt sind noch ☐ Flaschen da.

4 Notiere eine Aufgabe.
Schreibe dazu eine passende Rechengeschichte.

R: _____

G: _____

_____

_____

_____

Datum: _____

Aufgabe	Kompetenz	sicher	meist	teil-weise	noch nicht	Bemerkungen
1	Tätigkeiten bzw. Sachsituationen den Rechenoperationen passend zuordnen					
	„plus" bzw. „minus"	○	○	○	○	
	„mal" bzw. „geteilt"	○	○	○	○	
2	Rechengeschichten die passende Rechenoperation zuordnen	○	○	○	○	
	Zu Rechengeschichten passende Rechenaufgaben finden und lösen	○	○	○	○	
3	Rechengeschichten jeweils die passende Rechnung und den passenden Antwortsatz zuordnen					
	Rechnung	○	○	○	○	
	Antwortsatz	○	○	○	○	
4	Zu einer selbst gewählten Rechenaufgabe eine passende Rechengeschichte schreiben	○	○	○	○	

So hast du bei diesem Thema im Unterricht gearbeitet:

Arbeitsweise: ○ selbstständig ○ konzentriert ○ genau

Unterstützungsbedarf: ○ häufig ○ gelegentlich ○ nie

Arbeitstempo: ○ langsam ○ angemessen ○ zügig

Zusätzliche Bemerkungen/Tipps:

Datum: _____

1 Bestimme die Geldbeträge.

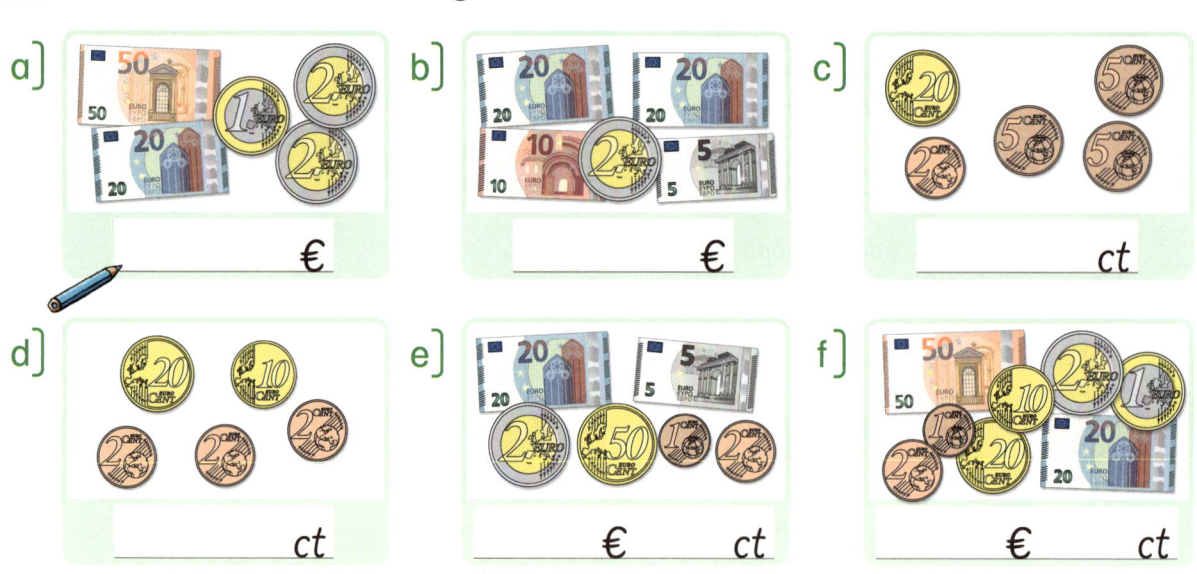

a) _____ €

b) _____ €

c) _____ ct

d) _____ ct

e) _____ € _____ ct

f) _____ € _____ ct

2 Zeichne folgende Beträge.

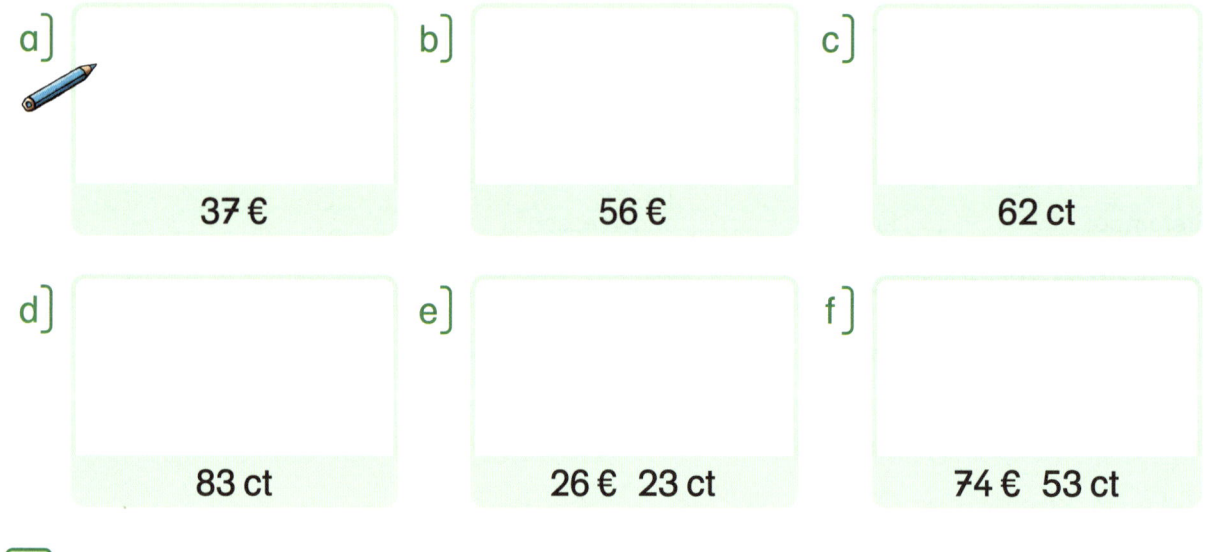

a) 37 €

b) 56 €

c) 62 ct

d) 83 ct

e) 26 € 23 ct

f) 74 € 53 ct

3 Finde passende Scheine und Münzen.

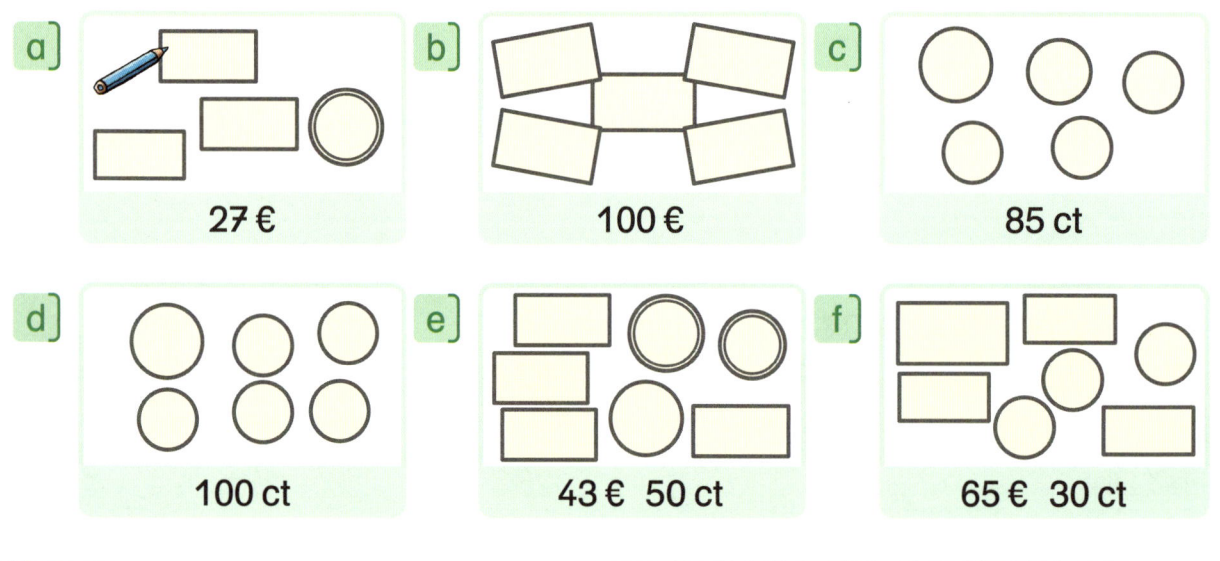

a) 27 €

b) 100 €

c) 85 ct

d) 100 ct

e) 43 € 50 ct

f) 65 € 30 ct

Datum: _____

4 Berechne, wie viel die Kinder bezahlen müssen.

a) Meral kauft:

R: _____

A: Meral muss _____ bezahlen.

b) Janek kauft:

R: _____

A: Janek muss _____ bezahlen.

5 Berechne das Rückgeld. Schreibe deine Rechnung auf.

a) Max kauft: Max gibt:

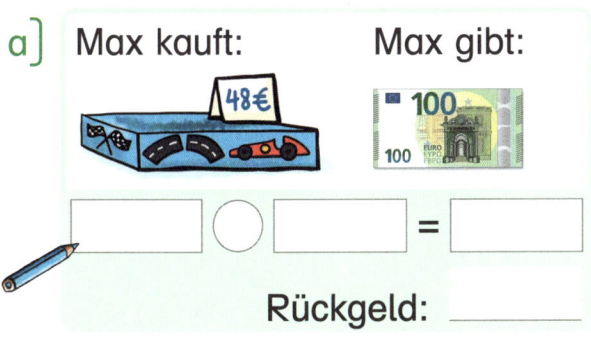

[___] ○ [___] = [___]

Rückgeld: _____

b) Lena kauft: Lena gibt:

[___] ○ [___] = [___]

Rückgeld: _____

6 Schreibe zu jeder Rechengeschichte die Rechnung und die Antwort auf.

a) Maja hat bereits 27€ gespart. Sie möchte sich einen CD-Player kaufen. Dafür muss sie noch 16€ sparen. Wie viel kostet der CD-Player?

R: _____

A: _____
_____

b) Ole möchte sich einen Zauberkasten für 29€ kaufen. Er muss noch 11€ sparen. Wie viel Geld hat Ole schon gespart?

R: _____

A: _____
_____

7 Ergänze die Tabelle.

Ich wünsche mir	Das kostet	Ich habe	Mir fehlen noch
Inline-Skates	37€	32€	
einen Fußball	19€		11€
eine Uhr		28€	17€

Datum: _____

Aufgabe	Kompetenz	sicher	meist	teil-weise	noch nicht	Bemerkungen
1	Geldbeträge bestimmen	○	○	○	○	
2	Vorgegebene Geldbeträge zusammenstellen und zeichnen	○	○	○	○	
3	Geldbeträge nach Vorgabe zusammenstellen	○	○	○	○	
4	Zu bildlich dargestellten Einkaufssituationen den Gesamtpreis ermitteln	○	○	○	○	
5	Zu bildlich dargestellten Einkaufssituationen das Rückgeld berechnen	○	○	○	○	
6	Zu Rechengeschichten jeweils die passende Rechnung und Antwort finden	○	○	○	○	
7	Zu in Tabellenschreibweise dargestellten Sachsituationen jeweils die fehlende Angabe ermitteln	○	○	○	○	

So hast du bei diesem Thema im Unterricht gearbeitet:

Arbeitsweise: ○ selbstständig ○ konzentriert ○ genau

Unterstützungsbedarf: ○ häufig ○ gelegentlich ○ nie

Arbeitstempo: ○ langsam ○ angemessen ○ zügig

Zusätzliche Bemerkungen/Tipps:

Datum: _____

1 Finde alle Möglichkeiten, wie sich Lena mit ihren Lieblingshosen und Lieblingsshirts anziehen kann.

a] Zeichne alle Möglichkeiten auf.

b] Trage in die Tabelle alle Möglichkeiten ein.

2 Kreuze an, ob die Aussage sicher, möglich oder unmöglich ist.

	sicher	möglich	un-möglich
Auf dem Schulweg sehe ich einen Hund.			
Ostern ist im Dezember.			
Am Sonntag ist schulfrei.			
Im Winter schneit es.			

3 Patrick nimmt mit verbundenen Augen vier Plättchen. Entscheide, ob die Aussage sicher, möglich oder unmöglich ist.

	sicher	möglich	un-möglich
Alle Plättchen sind blau.			
Alle Plättchen sind rot.			
Mindestens ein Plättchen ist blau.			
Er hat gleich viele blaue und rote Plättchen.			

4 Patrick nimmt mit verbundenen Augen zwei Plättchen. Male die Plättchen so an, dass die Aussagen stimmen.

a] Es ist sicher, dass er mindestens ein blaues Plättchen hat.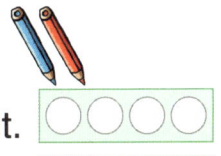

b] Es ist unmöglich, dass er zwei blaue Plättchen hat.

Datum: _____

Aufgabe	Kompetenz	sicher	meist	teil-weise	noch nicht	Bemerkungen
1	Alle Kombinationsmöglichkeiten finden					
	in einer Zeichnung darstellen	○	○	○	○	
	in einer Tabelle darstellen	○	○	○	○	
2	Aussagen mit „möglich", „sicher" und „unmöglich" bewerten	○	○	○	○	
3	Zu einer vorgegebenen Handlungssituation die Wahrscheinlichkeit von Handlungs-ergebnissen bestimmen	○	○	○	○	
4	Zu vorgegebenen Handlungsergebnissen passende Ausgangssituationen erstellen	○	○	○	○	

So hast du bei diesem Thema im Unterricht gearbeitet:

Arbeitsweise: ○ selbstständig ○ konzentriert ○ genau

Unterstützungsbedarf: ○ häufig ○ gelegentlich ○ nie

Arbeitstempo: ○ langsam ○ angemessen ○ zügig

Zusätzliche Bemerkungen/Tipps:

Datum: _____